U0940400

[美] 张志文◎著

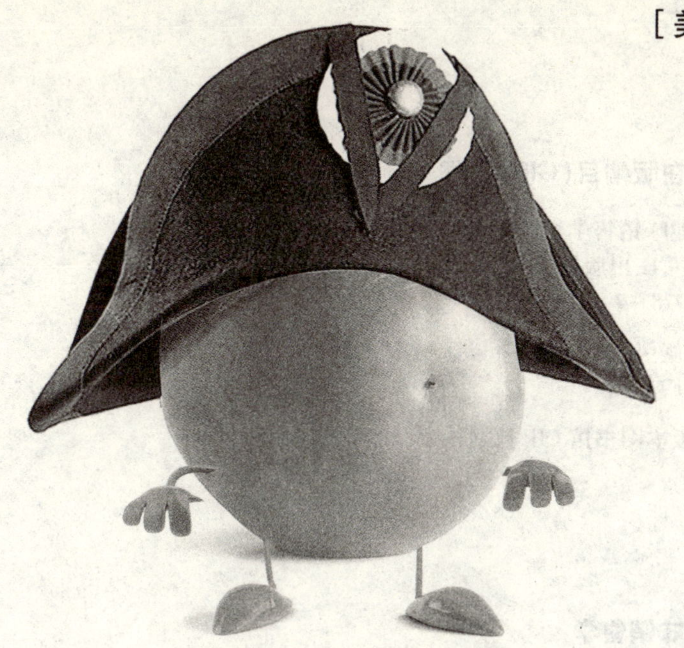

每天学点

魔法趣味销售学

MAGIC

FUN OF MARKETING MANAGEMENT

赋予你看透销售学的魔法！

超好玩、超发烧、超牛 X 的销售学说明书

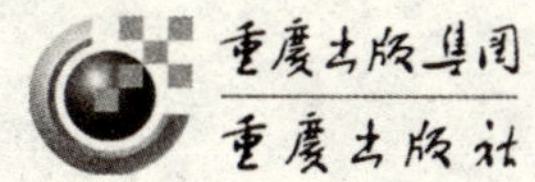

重庆出版集团
重庆出版社

图书在版编目(CIP)数据

魔法趣味销售学/(美)张志文著.
—重庆:重庆出版社,2011.5
ISBN 978-7-229-03657-7

Ⅰ.①魔… Ⅱ.①张… Ⅲ.①销售学
Ⅳ.①F713.3

中国版本图书馆CIP数据核字(2011)第264576号

魔法趣味销售学
MOFA QUWEI XIAOSHOUXUE
(美)张志文 著

出 版 人:罗小卫
策 划:  支大朋
责任编辑:王 梅 胡晓燕
责任校对:唐云沄
装帧设计:天之赋设计工作室

重庆出版集团
重 庆 出 版 社 **出版**

重庆长江二路205号 邮政编码:400016 http://www.cqph.com
北京中印联印务有限公司
重庆出版集团图书发行有限公司发行
E-MAIL:fxchu@cqph.com 邮购电话:023-68809452
全国新华书店经销

开本:710×1000mm 1/16 印张:16 字数:180千字
2011年5月第1版 2011年5月第1次印刷
ISBN 978-7-229-03657-7
定价:32.80元

如有印装质量问题,请向本集团图书发行有限公司调换:023-68706683

前　言

“哦！上帝！我现在很忙，你赶快给我出去！”

这句话你一定看出来了，这是一位生气的客户对销售人员说的一句话，客户为什么会生气？

销售人员做了哪些事情而让客户这样的生气？

销售人员接下来会怎么做呢？

“亲爱的客户，请你不要生气，我马上走就是了！”

“真的不好意思啊！让您这样的生气，我改天再来拜访您吧！”

“我们把这个单子签了吧，之后我马上就出去！”

……

面对不同的答案，你会选择哪一种呢？

产生这样问题的原因有很多。从一定意义上讲，销售是一个有序的工作，同时也是一个无序的工作；销售是一个自由的工作，也是一个不自由的工作，如果我们不能把握有序和无序、自由和不自由之间的尺度，就可能遭到客户这样的拒绝。

为什么有的销售人员在这个行业中能够成功？有的销售人员付出的是同样多的努力，最后却什么都没有得到呢？

这些成功的销售人员到底掌握了什么成功的技巧呢？

他们身上有什么样的特点呢？

……

这些问题的答案，我们将会在此书中明确的给出。

做过销售人员的人都知道，销售工作的报酬全靠绩效，就是说你的销售业绩越好，你的报酬就会越高，但是你要得到很高的报酬绝对不是一件很容易的事情，你需要系统地了解每一个环节，这就是我们说的有序。

从另一个角度来讲，对于销售人员来说这个工作比较自由，在你的同事谈客户的时候，你可以去咖啡店里喝咖啡，所以说，也是一份轻松的工作，这就是我们说的自由。

……

相信上帝，他对每一个人都是公平的，有付出就会有回报，这个一定是必然的。

“客户就是上帝”，为什么有的销售人员在面对客户的时候，第一句话就能够俘获客户的心、激发客户的激情？而有的销售人员在面对客户的时候说了很多很多，但客户没有任何的购买欲望，他们的差距到底在哪里呢？

也许你是一个很厉害的销售人员，在和客户面谈之后，你马上明白了客户需要什么样的产品，而你正好就是这种产品的供应者，但是在接下来的发展过程中，却让你非常地意外，客户没有选择你的产品，这是为什么呢？

有时候你认为你很了解你的客户，其实不然，你的很多想法都是与客户不相符的，只有了解了客户你才能够更好地把握客户，最后很轻松地完成你和客户之间的交易。

当你看到，你同事的老客户为他带来了很多的客户，在那里忙着签单……

你会有什么感触呢？

你肯定是在想：“这个家伙到底是怎么做到的呢？为什么老客户

能为他带来这么多的新客户呢？”

作为一个销售人员，都会有这样的想法，因为你看到了利益，如果你也像你的同事一样，你的报酬不是更高吗？

……

要做一个优秀的销售人员，我们就要澄清上面问题的答案，因为那些问题的答案是我们销售中的精髓，下面我们就从这本书中寻找自己的财富。

目 录

第一章

你必须敢于把斧子卖给总统（销售心态与素养）

俗话说：“态度决定一切。”怎么样才能够做好销售，其实最重要的就是心态。

很多时候一个销售员是否能够把自己的产品推销出去，并不取决于他有多么好的口才以及对产品的了解程度，而最为重要的是心态与素养。

在面对客户的数次拒绝之后，你会怎么办？是放弃还是继续？

面对客户，你最需要做的是什么？是漫无目的地介绍你的产品还是主攻客户所面临的问题？

面对你的产品，你是把他当做你赚钱的工具还是作为你的“上帝”？

面对客户，你是在销售你的产品还是你自己？

……

这一系列的问题看起来非常的简单，相信你马上会作出正确地选择，可是当你面对客户的时候，是不是也会这样的轻松自如地选择呢？

其实很多销售员在真正做起来的时候却是非常的困难，这是一个销售心态与素养的问题，也是一个优秀销售员必须修炼的基本功，现在我们就来学习一下，如何提高自己的基本功，成为一名最为优秀的销售员。

1 把拒绝当恋人一样去攻克

作为一名销售人员，时常会遭遇别人言辞的拒绝，引用美国一名老资格销售人员的话就是："我做销售人员的一生，所遭遇的拒绝就像面包屑一样，数也数不清楚。那些客户的拒绝就像当初我向妻子表白时，妻子的拒绝一样无情，但我不怕，因为最终我娶到了这个美丽的妻子……因此我想，只要我把客户的拒绝当成恋人那样去攻克，没有什么攻克不了的……哈哈，不是吗？"

的确，销售人员可以说是所有职业群体中遭受拒绝最多的职业，面对10个客户，可能有8个会拒绝你，甚至是百分百地拒绝你，这就像失恋了10次那样令人难以忍受。

到此，问题就出来了：有些人面对拒绝选择了逃避、放弃，而有些人却选择了坚持。

因此，差距也就形成了：一部分坚持下来的销售人员往往能够在拒绝中找到解决问题的方法，最终达到终点，赢得胜利。而那些选择在拒绝面前低头离开的销售人员呢？他们永远也无法得到成功时的喜悦，他们永远也不知道自己错过了什么……

▶ 你在怕什么

你之所以没能够把握住很多销售机会，并不仅仅只是因为技巧的问题，而更多的是心理障碍问题。

有些销售人员在面对客户时，常常会产生一系列阻碍自己发挥的心理屏障，其中害怕客户拒绝就占到了很大的一部分比重。

在此，我们把销售人员脑子里常常会浮现的一些可怕问题罗列出来：

第一，“哦，上帝，如果他说‘不’，那么我该怎么办？那样的场面简直太令人感到尴尬了……”

这类人往往会在销售行为之前便展开联想，在脑子里把所有可能遭受到的糟糕的情况一一罗列出来，尤其是最为直白地被拒绝的景象，他们会刻画得更为清晰，越是这样，他们就越觉得那样的场面尴尬，是自己所无法应对的，于是，害怕的心理便产生了。

第二，“我不觉得他比我进化得更为高级，可是我却必须像个乞讨者一样去百般讨好他，让这个‘上帝’在订单上签字，这太不公平了……我觉得我的尊严受到了伤害……”

这类人是典型的定位错误，他没有正视自己在销售过程中所扮演的角色，自己是销售人员，而对方是客户，一方是卖，一方是买，不存在对比与交集。现代企业中提倡“客户就是上帝”，所标榜的并不是人格高低，而是一种服务理念。销售也是一种服务，要服务就要在心理上亲近客户，不把客户当做敌人，要像上帝一样去虔诚地对待对方，以提供最好的服务，这样才是一个服务者应有的心态与素养。

第三，“我总有种犯罪感，这个产品有公司所说的那么好吗？老实说……哎……我有些怀疑，所以我从来都不会尝试用它，但为了卖出去，我不得不把它说得很好……我觉得我像个骗子，不是在卖产品，而是在欺诈客户……”

如果你有这种想法，那么你就不应该再抱着样品或是拿着样图四处奔跑，因为自从这样“不敬业”的想法从你的脑中诞生起，你就不可能成为一个优秀的销售人员。

作为一名优秀的销售人员，首先就是要充分地了解自己将要销售的产品，从特性到实验性成果，如果有可能，或者说条件允许的前提下，自己必须亲自尝试一下、体验一下，这样才能更加明确地向客户表述。

另外，抛开产品本身不讲，作为一名销售人员，从选择企业的那天开始，就要热爱这份工作、热爱自己的产品，就像爱自己的孩子一样。孩子在其他父母眼中可能不是最好的，但是在自己父母眼中却是最可爱的，因此，你必须学会站在公司的立场上去判断自己的产品，而不要仅以自己的眼光和价值观去评判自己的产品。尤其是从未尝试使用产品的销售人员，就更加没有资格去怀疑任何一件产品，你的这种态度只会让你的语言变得不确定，发挥也会失常，客户也会心生疑虑，那么这个订单注定是要失败。

在此，我们需要特别强调的是：即使客户拒绝了，我们也要笑着收场，然后再接再厉，让客户看到作为一名销售人员的诚意与职业精神。

然而，如果你在销售之初便“害怕”拒绝，那么你就一定会被拒绝打败。不！确切地说，是被自己打败！

攻克“恋人”拒绝的理由

“客户为什么会拒绝？”

“客户的拒绝是真的吗？”

要从容面对客户的拒绝，首先我们要弄清楚两个问题。我们需要站在客户的角度去看、去想，去剖析客户为什么会拒绝你的产品。

通常，我们会得到这样5个结论：

(1) 客户确实有需求，但已经被你的同行打动了，直白地说就是：你的客户已经与别人达成了协议，成为了别人的合作伙伴；

(2) 客户确实需要这类产品，但是他有自己所认准的一个品牌，这与其说成是一种爱好，不如说是一种癖好；

(3) 客户确实有需求，但是他对于你所推荐的产品感到陌生，因此不信任；

(4) 客户认为这个产品对于自己来说，可要，也可以不要，就是说有没有这样的产品对于自己都没有太大的关系；

(5) 客户没有需求，因为已经有了这样的产品，并且非常满意，没有什么可挑剔的，所以他不需要新的产品。

对于销售人员来说，客户明显没有需求，那就不能强逼硬攻了，但对于那些明显有需求，或是有潜在需求可挖的客户，不论他所说的话有多么地不确定，我们都有可能将他攻克。前提就是——你要让他相信你的产品，期待你的产品给他所带来的效益。

此时也许你会说："我常常搞不清楚哪些人是真的需要，或者说不需要，他们总是说些不确定的话……哎……那些话听起来像是委婉拒绝，但又好像是真的犹豫……"是的，在与客户的交谈中，我们常常会听到类似于这样的声音：

"哦……请允许我考虑一下，也许我很快就会给你答复。"

"我想，以我目前的资金还无法给你准确答复，所以……我们不妨过段时间再谈。"

"如果可以的话，我想我需要和我的伙伴商量一下……你知道，有些时候，并不是我一个人就可以说了算的。呵呵……”

“我想我忙得没有时间去思考关于这个产品……不过，等我闲下来时，我会考虑一下的。”

“如果你可以在3个月以后再来找我，那么我想会更好。”

……

这些话通常都需要我们费尽心思地去猜，他是真的只是暂时不需要？口头的承诺是善意的谎言？还是真的会慎重考虑呢？这也是作为一名销售人员必须学会的辨别能力，我们要求证客户反对的说辞，然后对症下药，攻克客户的拒绝，具体方法有如下4种。

（1）仔细聆听客户提出来的反对理由，如果你遭到了客户的拒绝，首先不要去和客户争论谁对谁错，这是很愚蠢的做法，要懂得去聆听，可以尝试着先去称赞他们，这可以在以后的谈话中避免引起和客户的争论。比如：

“你说的也有道理，但是……”

“你说的这种情况我想我可以理解，呵呵，因为我也常为此而困惑，不过，这种情况绝对不会发生在我们产品身上的……”

“你说我们的产品……但是我想你一定有别的意思？”

（2）利用反问，再次确认，分辨真伪。在客户提出拒绝理由之后，提出质疑，问客户这是不是唯一的理由，换个方式重新再问一遍，“……是这样吗？史密斯先生”“除了这个原因之外还有没有别的原因”“如果这个问题解决了，是不是就可以选择我们的产品？”这些问题可以很大程度地试出客户拒绝的真正理由。

（3）拿出自己的杀手锏，让客户“是”到底。拿出你所有关于产品的荣誉，比如说，产品的国际认证、感谢信和其他产品的对照表，充分显示产品的优势，让客户除了说“是”之外别无选择。在这个时候我们要忘掉价格，或给客户看成本体现产品的价值，别出心裁，给客户耳目一新的感觉。

（4）进一步地确定，促成交易成功。在和客户谈判的过程中，有效地把握好时机，在解决了客户的理由之后，利用更加确定的语言，将准客户变成客户。比如：

“如果……你希望什么时候送货？”

“你希望什么时候开始？”

“如果……那我们什么时候签这个合同方便？”

这些问话的方式都可以进一步地确定客户拒绝理由的真伪，并能够推进与客户达成协议。

另外，面对客户拒绝这个问题，从“事前防范”入手是最佳的方法。下面是一些具体运作的方法。

（1）所有的销售人员坐在一起讨论，说出所有遇到的反对理由。

（2）把所有的理由写下来，如果说法不同，意思相近的也要写下来。

（3）讨论答案，讨论出每一个客户拒绝理由的最佳答案。

（4）用角色扮演，销售人员可以模仿客户作演练，体会其中的效果。

（5）不断地修改不断地完善，直到试用在客户上效果最好。

总之，面对客户的拒绝，要有一个平稳的心态，要安然地去面对，只要自己努力，你就会成为最好。

2 你知道最高效的销售者都在做什么吗

我们在讨论最高效的销售者在做什么时，首先我们讨论一个问题：在一次成功的销售过程中，是“买方说得最多”还是“卖方说得最多”？

也许你会说：“哦，这个问题太简单了。当然是卖方，也就是销售人员说得最多了，因为销售人员要卖东西，除了必须把自己的产品、服务介绍给客户，还要用尽一切话语来说服客户，买下你的产品……一个销售人员如果没有客户说得多，那么那种情景简直难以想象……”

是的，这个理由看起来非常充分，也非常让人信服，可是，在所有成功销售案例的研究中发现：在成功的销售过程中，卖方说得是最少的，而买方说得是最多的，也就是客户说得最多。

真是不可思议，销售不是要销售人员去说吗？怎么会是客户说得最多呢？当然，在我们的销售概念中，一个销售人员如果不能说，那就是一个失败的销售人员，包括一些公司在招聘销售人员的细则里面，他们都要求销售人员“要有良好的口才”等等，其实这些都是次要的，那么重要的是什么？怎么才能让买方说得最多呢？那就是提问题，最高效的销售人员就是要提问题，但并不是什么问题都可以让销售变得顺利，让买方感到万分的兴趣，成功的销售人员必须提出非常精明的问题。

从提问题，到引导客户去说，客户说得越多，对于销售行为越有利。这样的销售人员一定是最高效的，而高效的背后，他一定是最愿意去思考、去分析的，围绕着自己与客户所要发生的情景进行分析，从而把问题提炼出来，达到最高效的效果，这也是一种职业素养。

你应该经常思考：如何才能提高成交率

销售人员与客户之间，就是一场因为谈话而敲定的买卖交易，销售人员需要通过介绍，让客户了解到产品的优势，从而认可产品，在订单上签字。

然而，作为销售人员，在对客户进行产品推销时，不应该只是平白地介绍，把优势罗列出来，然后让客户自由选择：要，还是不要。

最具职业心、职业素养的销售人员应该时时刻刻让自己处于思考中，学会在思考中把产品介绍变成一种技巧，从而让自己与客户的主导位置进行对调，不是让客户的思想牵着走，而是让自己占据主导地位。

而提问题就是一个很好的手段。

通过一些有技巧性地提问，销售人员可以拉近与客户之间的关系，而一些能够与客户产生共鸣的问题更加可以加大客户对于销售人员本人的信任度，这样，在接下来的销售交谈中，客户便会愿意去倾听，就像朋友一样信任你所说的话，那么，你离成功还远吗?

但是特别需要注意的是，千万不要问一些客户比较敏感的问题，方式不对也很可能会引起客户的反感，所以提问题的时候必须要在合适的时机。比如在大生意中，作为一个老板，他们最愿意谈到的其实是自己和生意的难点问题，而不是谈论一些关于公司背景方面和个人兴趣的问题，客户越精明，他们便越不愿意谈论这些问题，因为他们觉得，和一个销售人员谈论彼此的兴趣，或者是回答销售人员自己公司的情况，简直就是一种浪费！

很多事实也表明，你要从客户那里问的背景问题越多，交易的成功率就会越低，比如以下艾斯的经历就给了我们一个很好的告诫。

艾斯是一个从大学刚刚毕业的学生，毕业后她来到了一家卡车销售公司做卡车销售人员，她的工作必须要跑到各种各样的工地去和他们的负责人谈。在这个销售团队中，艾斯的业绩一直上不去，为此销售经理和艾斯都非常着急，这次销售经理决定亲自看看艾斯是怎样接待客户的？问题到底出在什么地方？

这天，销售经理陪着艾斯去见一位客户，希望可以从中找到一些问题的所在。

很快，艾斯找到了工地的负责人，看得出来那个负责人特别忙，但还是决定和艾斯见一面。艾斯很高兴，见到工地的负责人之后，他们先互相做了自我介绍，然后艾斯便把自己的产品介绍了一番。

其间，为了能够更加地了解客户，艾斯问道：“您这个工地有多少人？”

负责人眉头微微地皱了皱说：“大概300多人吧！”

为了引起对方的兴趣，艾斯又问道：“昨天晚上的足球赛特别的精彩，不知道您看了没有？”

突然电话响了，这个负责人拿起电话，在和对方说话的过程中好像很着急的样子，销售经理看出了艾斯所提的问题的荒唐性，但是也不好意思当着面打断艾斯的问话。

负责人放下电话后，艾斯继续问道：“贵公司发展很不错，不知道是哪一年成立的？”

这个负责人显然有些不耐烦了，很生硬地说："哦，美丽的小姐，事实上我确实不想错过和你交谈的机会，可是我的时间是我的老板，我得听它的，哈哈……那么……今天就这样吧，我答应你，有需要一定给你打电话……"说着便站起身，已经摆出了送客的姿态。

经理和艾斯无奈地走出了这个负责人的办公室。

回到公司，经理终于知道了艾斯销售业绩上不去的原因，并且给艾斯做了很深刻的总结和评价。那就是：不懂得灵活变通，硬生生地把公司培训中的产品介绍与亲近交谈套到不适合的场合中，而从没有思考过眼前的这个客户有什么不同，他最需要的是什么。当他需要高效谈话时，销售者就要采取高效策略，提高谈话节奏和变换技巧。

艾斯失败了，可能经过这次教训，以后她会成功。我们先分析一下她失败的原因，从艾斯所提的问题看，她问的大多数都是背景问题，而且是在客户非常忙的情况下问的这些问题，这就是一个严重的时机选择的错误。

先明确一下这个问题：对客户的背景进行提问，是客户获利，还是销售人员获利？比如："您的公司规模有多大?""除了工作以外，您会把时间投入到哪些方面……也就是说，您对什么感兴趣?"，这一系列的问题，是把客户作为一个配合的角色，那么我们就需要了解：客户为什么要配合你聊这些私人问题？从中他又会得到什么好处?

很显然，客户什么也得不到。而对于销售者来说就不一样了，越多的私人信息，对于分析客户，了解客户，投其所好，促进销售的成功就越有帮助。

于是，问题便再次出现了：你谈论的问题既然对客户没有好处，客户为什么要告诉你这些呢？所以，请不要奢望直接从客户那里了解这些问题，这样客户会感到更加反感。

如何提出最有效的问题——这是对销售者的考验

前面我们谈到过“销售交谈中过多地问一些背景问题，成功的可能性就会越小”，那么，有些销售者可能会疑惑了，我们怎么样才能有效地提出问题呢？怎样才能让客户欣然接受、乐于回答我们的问题，继而让会谈成功呢？

首先，销售者不妨把自己放在客户的角度去想问题，把客户的问题当做是自己的问题去解决，也就是说，把客户的困难当做是自己的困难，然后进行有效地发问，这样的问题往往会收到很大的效果，让客户产生很大的共鸣与激情。而且这样的问题你问得越多，对促成交易就会越有利，这样的问题曾经被称之为难点问题，也就是客户当时存在的问题。比如：

“您对现在使用的产品有什么不满意的地方？”

“您是否需要解决掉目前存在的问题？”

“在您的公司发展中，遇到了什么阻碍？”

作为一个优秀的销售人员，这些问题才是你应该问的而且是多问的问题。在很多的销售教材中提到：要与客户拉近距离，多谈客户感兴趣的话题。但是在一些大生意中，我们应该把问题放在客户的困难上面，让客户感觉到我们是给他解决问题来的，而不是跟他们套近乎的，这样更容易促进我们的交易。为什么我们问一些客户所遇困难的问题会更加的有效，客户会更加愿意和我们交谈呢？我们从里斯的身上也许会找到问题的答案。

里斯是一个资历较深的销售人员，曾经卖过保险、卖过汽车、卖过房子。现在他在一家医疗器械公司做推销员，他的工作就是把自己的产品推销给那些需要用这些产品恢复健康的人。

这是一个很热的夏天，中午里斯正在一家快餐店享受着美好的午餐时光，虽然很热，但里斯还是很有激情地等待着自己的午餐，吃完午餐他就可以更有活力地继续他的工作了。

这时午餐店走进来一对老夫妇，大概在60岁左右，一个打扮得十分绅士的老先生扶着老太太，显然老太太的腿不是很好。这时热闹的午餐店里已经没有了空位，里斯赶快让出了自己的位置让老太太坐下，这两夫妇显然非常的感激，脸上充满了感谢之情。

里斯很关心地问老太太："这位美丽的女士，您的腿似乎不太灵活……"

这位老太太的脸上顿时展开了笑容："呵呵……除了我的先生，现在已经没有人会称呼我'美丽的女士'了……不过，我年轻时会经常听到这样的称呼。就是因为年轻的时候爱美、爱挑战，经常会去冬泳，在寒冷刺激的冰水中，我感到很自豪。你知道吗？那是我最享受的年华，在水中，我与冰块一起漂浮在水中……那种感觉真的很美妙。"

"哇哦，我可以想象您就像个冰美人，受到身边的人的喝彩……"

“呵呵，是啊，我就是在喝彩声中爱上了冬泳……但是很遗憾，在我40岁的时候，我的医生告诉我说，我的腿被冰水冻坏了，不能再游泳了。所以，即使现在我不再游泳，在每年季节变换的时候，我还是无数次地想要把腿锯掉，因为那种疼痛令人难以忍受……”

里斯一脸遗憾地说：“哦，上帝收回了他的关爱，想让您休息一下。不过，这样的情况确实会给您的生活带来很大的不方便。”

老绅士激动地说：“是啊，在她没有成为我的妻子时，我就告诉她，我会永远爱她，照顾她。可是，每逢她疼痛难忍时，除了陪着她，真诚地向上帝祷告，我什么也做不了……”

里斯感叹着说：“哦，上帝，我想如果可以减缓这种疼痛，生活会更加美好。”

老太太一脸失落，很显然，如果可以，所有的方法他们几乎都试过了。

“哦，对了。我想我可以帮到您这位美丽的冰美人……这是我的名片，我所销售的产品是一种复健器械，它可以帮您减缓疼痛，并且可以慢慢地帮您从痛苦中完全解脱出来，让您不再痛恨您曾经与鱼儿一起做伴游泳的腿……”

这对老夫妇的眼中顿时绽放出了光彩，主动向里斯咨询这种医疗器械，并且毫不犹豫地向里斯购置了一台。此后在每个美好的周末，老绅士都会邀请里斯到家中去享受美味的晚餐。

里斯的成功在哪里？

不知道你有没有发现，里斯之所以会成功就是因为里斯善于向客户的“疑难问题”进攻，从客户最困难的地方人手，帮客户解决问题。作为一个老练的销售人员，他更加关心的是客户面对的难题，

而不是刻意地和客户套近乎，用一些与客户毫无关系的话题拉近和客户的距离。

为什么从客户的困难处着手发问会更加的有效？我们现在可以分析一下这个问题。

假如给你3种商品：空调、手机和轿车，这3种商品之间并没有太多的联系，但是对于消费者来说却有很大的作用。比如在炎热的夏天，空调可以帮助你避过太阳的考验，让你在舒适的环境下工作，从而提高工作效率；手机可以快捷地让你联系到你想要找到的人，或者让别人快速地找到你，提高你的业务量；汽车可以让你随时去你想去的地方，解决你交通上的问题。

所以，这些东西的存在首先是为了解决问题，而这些都是你销售的基础。

一名优秀的销售人员是会提问题的销售人员，让客户说出他的烦恼，并帮助客户解决烦恼。这样会更加快速地提高工作效率，让销售走上另一个台阶。

③ 产品是“十字架”，而你却不信上帝

很多销售人员在销售自己的产品时，并不是完全信任自己的产品，虽然嘴里说：“我可以向上帝发誓，我们的产品是最好的、最棒的，没有比我的产品更好的产品了。它将带给您全新的体验……”可是，在他们的心里却没有百分之百地相信，最起码，他们对于自己的产品没有达到信仰的程度。

试想一下，一个连销售者自己都无法打动的产品，又何以去打动客户呢？

因为人的心理影响着人的行为、语言，所以，不要以为自己可以用嘴巴把心里的不信任掩盖，而说出让客户信服的话。

作为一个销售人员，或者当你选择了销售这个行业的时候，在推销自己的产品时首先要相信自己的产品，如果一个销售人员不相信自己的产品是最好的，不相信自己的产品能够为客户解决问题，那么，他不管如何提高自己的销售技能都对交易的成功起不到很好的作用。

相信自己的产品就如同相信上帝一样，既然你选择了，就要相信自己的产品，除非你离开。当然，外面比自己好的产品多的是，但是你不能把这样的思想传递给客户，你应该留给客户的印象是，你所销售的产品就是最好的。

因此，请用语言告诉客户你有多么爱你的产品，请让客户从你的神情中看出你对产品的热爱与坚定，那么，客户也可以从那种情感中受到感染，进而也更加信任你以及你的产品。

你的产品就是你的上帝

如果你是基督教徒，那么，我相信你一定是一个虔诚的教徒，你一定对你的信仰是无论如何也不会动摇的。而作为一名销售人员，你销售的产品就是你的上帝，你必须没有一点折扣地去相信它。当有一位客户觉得你对自己的产品充满信心，而且从内心深处发出你对自己的产品是百分之百地相信，那么，客户也会感受到你的这种意识，这样客户的心理防线就很容易被你攻破，进而取得成功，作为一名销售人员，乔·吉拉德对你一定不会陌生，他的经历就深深地证明了这一点。

当年乔·吉拉德为通用公司推销雪佛兰汽车，他知道当时比雪佛兰汽车品牌优秀的汽车多的是，比如：奔驰、宝马、保时捷等等，都比雪佛兰汽车要好得多，而且当时他也能买得起任何品牌的汽车，可是他依然开的是雪佛兰汽车。

那么，他开得起奔驰、宝马，为什么要开雪佛兰汽车呢？

当有一位雪佛兰的经销商总经理问他这个问题时，他说："嘿，老兄，我现在推销的就是雪佛兰汽车，这就是我的产品，也就是我的孩子。"

这位经理接着说："乔·吉拉德先生，你的孩子不在这里，你是一名优秀的销售人员，我觉得你应该开最好的车，这样才能更加显示你的身份，同时也能够体现我们公司的实力。"

乔·吉拉德坚定地说："不、不，亲爱的经理你错了，我的孩子就在这里，我的产品就是我的孩子，我要像相信我的孩子一样相信我的产品是同类中最好的，这样才能让客户相信我的产品。"

这句话让当时在场的很多经销商都感到惭愧，因为当时有很多的雪佛兰经销商都开着凯迪拉克和奔驰去上班。

乔·吉拉德接着说："亲爱的经理们，当客户看见你开着其他牌子车的时候，客户肯定就会想，你都不屑于开自己推销的车，是不是你所推销的车不好呢？当你把这样的信息传递给客户的时候，客户就会对你推销的产品产生怀疑，继而影响我们推销工作的进展……"

听了乔·吉拉德的话之后，经销商们第二天就把自己的车锁在了车库里，每天开着自己公司的雪佛兰来上班。

销售人员的工作就是说服客户选择自己的产品，因此必须要让客户相信你的产品是最好的，你必须相信你的产品能够为客户带来好处。那么，要说服客户首先要说服自己，就像乔·吉拉德一样，像相信自己的孩子一样相信自己的产品，真心地相信自己所销售的产品能够为客户带来很好的利益，让客户感受到，如果买了你的产品是他的运气，不购买你的产品就是他的一大损失。每个销售人员都必须具备这样的信念，这样才能够深深地打动客户。如果你对自己销售的产品不感兴趣，自己都不愿意去买、去用，那么你是无论如何也激发不了客户购买你的产品的激情。

信任“上帝”就像信任自己

作为一个销售人员，最基本的条件就是相信你的产品，然后才能让客户相信你的产品。其实这本身就是一个信心的转移，你对自己的产品有信心、相信自己的产品，这些信息会很自然地传递给客户，继而感染客户，让客户相信你以及你的产品。

所以，有时候你说服客户的并不是你的高水平的语言，而是你对自己产品的信心。在很多时候，“过分地”相信自己的产品，把对产品的热爱升华为一种信仰，那么，你的这种情愫一定会感染你的客户，它比所有苍白语言更有力，更能打动客户。

因此，我们不妨从“建立自信，相信自己，相信产品”开始提高自己的销售技巧。

比如说，有一个非常有潜力的客户，只要他接受了你的产品，你就会获得很大的收益，可是这个客户却不愿意见你，根本就不给你机会推销你的产品，那么你该怎么办呢？

那就不妨让他看到你对产品的热爱，对销售的执著。如果单纯的只是因为客户不愿听你的解说，你就要放弃，那对于你来说绝对是一个很大的损失。因为也许你再坚持一下，就可以让客户感动，给你一次展示产品、介绍产品的机会，这同样也是一次交易成功的机会。

因此，你要学着做一名执著的销售人员，这就需要加大你的投入，以更加热忱的心去对待客户，让客户不得不见你。比如：

你可以在花店订一束鲜花，然后在花的中间加一个小卡片，在卡片上写上你的构思、方案和建议，充分展示你产品的优势以及能够给他带来的利益；

你可以给对方发一份传真，写上你能够解决他的问题的方案；

你可以在他乘电梯的数分钟时间里搏取一次机会，向他表述你的产品；

……

只要你开动脑筋你就会想到行之有效的方法。无论如何你都要自信，相信自己和你的产品，以一颗充满激情的心去面对你的客户。

下面亨利的故事就是给我们的一个教训。

亨利是一个推销语言教材的推销员，他推销的高科技产品叫“全球语言掌上电子课堂”。这个产品的特性是：拥有了这样一款高科技产品，不论去哪个国家旅游、出差、居住，都可以从中找到那个国家的语言电子课程，以最快的速度掌握一门外语；另外也可以作为临时的掌上词典，及时应对各种场合的谈话需要。

与市场上其他相同功能的电子产品相比，亨利所销售的产品具有很大的优势，收录的语言种类更多、更全面，是极具竞争力的一款产品。但是亨利的销售情况却不是十分理想。

尽管他为自己找到了很多与客户沟通的途径，有时候，他会选择在公园与一些流动客户面对面去推销自己的产品；也有些时候，他会冒昧地通过电话去向客户介绍自己的产品……可是，总是没能得到较高的成交率。

有一天，亨利从朋友那里得到一个好机会：一个旅行社想要团购一批这样的电子产品，以便在进行境外旅游时发放给游客，让游客可以更加便利地与旅游地的人们进行沟通，真正地享受到异地风情的乐趣。

亨利很快便与旅行社的负责人取得了联系。由于旅行社负责人的工作十分繁忙，所以只能以电话联系的方式来进行沟通交易。

然而，在谈话中，尽管亨利把产品的特性像开水龙头一样，倾闸而出，但对方似乎并没有表现出很强烈的兴趣。显然，亨利的谈话让客户失望了。

这样一个大客户是哪个销售人员都不想错过的，亨利当然不愿轻易放弃，他告诉客户说："请相信我的产品，它是旅游、学外语必备的贴身课堂，只要短短的一些时间，就可以掌握一门外语。就比如说您的游客，他们甚至可以利用在飞机上的时间学习，这个时间足够他们学习到可以与当地人进行简单的日常话语沟通的程度……"

"哦……我想我不能错过1分钟之后的那个会议，所以……如果你可以再选择一个时间与我交流，那个时候我想听到你可以用法语与我交流，那是我所熟悉的语言……"

谈话就这样结束了，亨利认为这个客户简直没有诚意，他对着已经挂掉的电话抱怨着说：

"该死的，没有一点诚意……等我学会法语，我想这个产品可能已经out了……这么短的时间，怎么可能学会一门外语，这简直是开玩笑……"

说这些话的时候，他显然是忘了自己刚刚才向客户说："利用飞机上的时间就足够学习一门外语，与当地人进行简单的日常话语沟通……"

很显然，他并不相信自己刚刚所表述过的产品的功效。

作为客户，他永远不会比你还要相信你自己的产品，如果你不相信你自己的产品和服务，那么就很难让客户相信你的产品。

如果客户不相信你的产品，又怎么会去购买呢?

亨利的失败就在于不相信自己的产品，对自己的产品没有信心，只是把产品当做是一种赚钱的工具，没有把产品当做是解决客户问题的工具。这也就导致他对于客户提出的要求感到不可理喻，甚至把客户的考核与谨慎当做了一种拒绝，于是，失败也就注定了。

在销售这个行业中，销售人员无视自己所销售的产品的功效，在不信任的基础上就能创造出非常好的业绩，这样的情况是少之又少的。

即使有，这样的销售人员也不能称之为最棒的销售人员，更不能因此而令人敬佩。

相反地，在很多很成功或者顶尖的销售人员当中，他们都有一个共同的特点就是，对自己销售的产品有百分之百的信心和百分之百的热忱，他们始终认为或者有理由认为他们的产品和服务是最好的，即使在销售这些产品中对他们来说没有很大的利益，他们也愿意把自己的产品和服务告诉别人。这是作为一个优秀销售人员必有的素养。

要相信，当你也能够对自己的产品和服务有这样的激情和热忱的时候，那么，你已经成功了一大半。

4 你销售的不是产品，而是你自己

不论你销售的产品是什么，“销售”这个词的理念都是相通的，就像面包一样，虽然口味不同，但是它就是面包，性质一样，最终都要进入人们的消化道里。

有人通俗地把销售称做是“卖产品”，事实上，也的确是这样的。世界上没有什么不能被称之为产品的，只要你在用它来获益，哪怕是一些经典理论，这些用双唇吐出来的话就是产品，虽然买方看不到，但是却可以听到。而前提是，他不花钱，他就听不到，或者说听不完全。

然而，在自己浪费了大量的唾沫去向客户介绍这个产品有多好，有了这个产品，可以享受到什么、得到什么时，客户却常常会用一些拒绝的语句来作反应，比如：“哦，这似乎太贵了”“我想我连吃饭的时间都十分紧张”“我在想它是不是真的有效”“我不确定我的银行卡里还有没有钱”“也许没有它，我的生活一样继续”“哦，谢谢你的讲述，我想你可以给我一张名片，也许在某一天，我会打电话给你”……

这绝对是销售者听过的最多的话了。而当这些话出现的时候，客户的内心往往是已经对产品产生了怀疑，心中的想法已经在偏向于“不买”。

那么，为什么客户的话语中会充满了不肯定、不相信呢？

原因其实很简单，因为连销售人员自己都不知道自己在卖什么！

你在卖什么——成功的销售人员应该说：卖自己

是的，正如上面所提出的问题：为什么客户会对产品如此的不肯定、不相信？

而答案也许令所有销售人员们都大跌眼镜“当然，我当然知道自己在卖什么！产品就在我的眼前，我天天看着它不是吗？”

如果你这样想，你就真的错了，你要知道：客户不肯定、不相信的并不是产品，而是你的话，他不相信你所讲述的神奇功效，因此我们可以这样认为——他不相信你！

因此，要做一个成功的销售人员，必须在最初就明白：你销售的不是产品，而是你自己。

如果你觉得这种感觉就像“你不是在张大嘴吃面包，而是面包在张大嘴吃你一样”难以接受的话，那就再来看看世界著名推销大师——乔·吉拉德的观点，我相信它是所有销售人员崇拜的偶像。

乔·吉拉德曾被誉为“世界上最伟大的推销员”，并且他的销售纪录还被《吉尼斯世界纪录大全》收入。如此幸运的纪录是：他在15年里一共销售了13 001辆汽车。要知道这可不是一次就签几十、几千辆的大单子，而是每次只卖一辆。当乔·吉拉德在49岁退休时，他的名字已经连续12年出现在世界吉尼斯纪录大全“销售第一”的宝座，并且，他在任时所保持的“平均每天销售6辆汽车”的销售纪录，到现在也没有人能突破。

几乎所有人都会有一个疑问：汽车是多么大的消费品，他是怎么卖出去的？而且还可以像每天吃饭一样，稳定地卖出去6辆之多。

的确，他有自己的秘诀，那就是“卖自己”。

乔·吉拉德有一个习惯，那就是不论在什么地方，只要碰到人，他的左手就会如条件反射一样去口袋里拿名片，准备递给对方，介绍自己。

销售是在任何地方，在任何时间，而如果你认为下班之后，你就与销售无关了，那么，你永远也达不到乔·吉拉德那样的成就。

乔·吉拉德认为，作为一个优秀的销售者，必须认识到自己推销的要点并非产品，而是自己。“给你两个选择：你可以留下这张名片，当然，你也有权利扔掉它。但是如果你选择了留下，那么你就会知道我是做什么的，卖什么的，这样在必要时随时都可以与我联系。这是多么方便的一件事。”

乔·吉拉德曾表述说，“如果你在递给别人名片时，脑子里一直在想的不是‘又有一个人认识了我，又有一个人在买车时会想到我’，而是在想‘天哪，这是多么愚蠢与尴尬的事情’，如果是这样，那你的名片只会在你自己的口袋里……”

正如乔·吉拉德所说的，销售的机会在于你的名片在别人的口袋里。任何想要成功销售的人，都不要去顾及面子，认为推销自己是尴尬的、愚蠢的，相反地，乔·吉拉德会到处递出名片，到处留下他的味道、他的痕迹。比如在餐厅里，在每次结账时，他的账单里一定附有两张名片，而且他的小费每次都会比别人多，这样出于好奇，别人就会想要看看这个人是做什么的；当他去看体育比赛时，他也会买最好的座位，身上带着近万张的名片，当人们欢呼的时候，他便把名片扔出去……于是，体育场上，人们关注的焦点成为了乔·吉拉德，而不是哪个体育明星了。渐渐地，“乔·吉拉德，这是个卖汽车的家伙”，这样的信息便会被人们熟记，人们保留着名片，根据名片上的信息来买他的产品，这样一来，乔·吉拉德的生意就像一日三餐一样，顿顿有保证。

所以，不论有谁问乔·吉拉德“你在卖什么”，他总会说：“我在卖世界上最好的产品——乔·吉拉德。我想世界上再也没有比这更好的产品了。”

如果说一个销售人员，当他在一次亲友聚会上时，亲戚、朋友都在询问“嘿！伙计，你现在在卖什么东西?”这就是一种失败，连亲戚朋友都不知道你在卖什么。如果你是像乔·吉拉德那样在卖车，亲戚朋友分别在几个月前，甚至是上个礼拜才买了新车，而不是通过你的手，那么，你就会知道你有多么的失败了。

如果说，你工作了一段时间，就连你的妻子也不清楚你到底在卖什么，那你的失败就可想而知了。如果说你认为别人太忙，不好意思去打扰他们，去告诉他们自己在卖什么东西，那么，每天与你睡在一张床上的妻子呢？也没有时间吗？把一句甜言蜜语换成是“我在卖……”，把一句“今天的面包不要加果酱”换成是“我在卖……”多么简单的事。

你连自己都懒得去卖，不敢去卖，那更何况是产品！

我在卖自己——你敢这样说吗

我在卖自己！这并不是让你给自己标上价码，挂上牌子与产品一样处理掉，而是要你作为产品的先决力量，当客户相信你的时候，才会愿意去相信你的产品。

更为重要的是，看看我们的标题：我在卖自己！——你敢这样说吗？

敢于“卖自己”激发的是一种信念：我可以在任何时间、任何地点，把任何产品销售给任何人。

“时间、地点、产品、人”——这是销售必备的四大元素，而如果一个销售人员可以做到这四个“任何”，那就无所不能了。

有人形象地把销售比做是拿刀子捅进客户的心脏，在流血的同时，撒上盐和胡椒。是的，的确有这样“不得不消费，但又视消费为地狱”的客户，他们惧怕让自己的银行卡与刷卡机产生恋情，他们更怕这种恋情无法掌控。

而销售者要做的就是让这些客户不再痛苦，让他感受到“这太值得了，我可以如此地享受”。如果这样的客户你都可以搞定，那还有什么不能搞定的呢？

作为销售人员，你必须相信：信念的力量是伟大的。信念可以让你毫不怯弱地去向他人介绍你自己——这个独一无二的产品；信念可以让那些视钱如命的客户看产品看得比钱更重要。下面我们就来看看，信念是如何让维森成功地销售自己，把自己给“卖”出去的。

维森放弃了吃午餐的时间，选择来到一个优雅的咖啡厅里，听着悠扬的音乐，喝一杯不加糖的咖啡，放松自己身心的同时，还可以透过玻璃窗看街上走来走去的热辣美女……

维森的斜对面坐着一个顶着鸟巢的老家伙，他似乎遇到了什么难题，总是皱着眉头，这让他原本就不是太美观的脸变得更加纠结。

哦，这真令人扫兴！——维森心里说着，便把头转向了窗外。是的，看着一个秃顶的老家伙喝咖啡，和看着一个个美丽的穿着热辣的美女喝咖啡，哪一个更让人觉得享受呢？

“什么？你们商讨了一个月，到现在还是没有结果，公司请你们这些金脑子做管理，可不是就喝喝咖啡这么简单……”这个老头在接电话时，竟然气愤地大声吼了起来。

“你们告诉我，有谁每天不用牙膏呢？全世界有多少的人每天至少刷2次牙，甚至是3次，从公司创立到现在，每年的营业增长率从10.8%到19.6%，一直是在向上飞，而到了第11、12、13年，每个月的营业额却从来没有看出变动超过100美元的，这种稳定的状态令人感到神奇……增长率停滞，每个月来向我报告的都是同样的数字，我讨厌它！我要看到它长大，OK?”

从老家伙开始打电话到结束，维森听明白了，原来是一个生产与销售为一体的知名牙膏企业，现在维森所从事的日常用品销售中就有这家企业的牙膏产品。看来，这家公司是不满足于现在的销售额，逼着下面的管理层坐在公司的会议室里喝咖啡呢。

“嗨，您好，打扰一下。这是我的名片。”维森像往常一样，礼貌地把名片递给了对方。

“哦，不管你是卖什么的。听着——我没兴趣！所以，请走开!”听得出，老家伙还在气头上。

“哦，是吗？如果所有的客户都像您这样，那么，我看××牙膏很难卖出去。”

“你是我们公司的销售人员？这个时间你最好是尽快喝完那杯咖啡去上班，而不是在这里向总裁推销他自己的产品。”

“哦，老实说，我是一名日常用品销售人员，虽不属于您的公司管理，但我的包里也有您的产品。呃……确切地说，它现在是我的。看来您是真的很担忧产品的销售额，如果说我能帮你解决这个难题，我想你应该不会反对我坐在这里说吧!”看到没有反对的声音，维森便坐下了。

“你能有什么办法?”

“我有，但这个属于额外的业务，收费会贵一点，大概是5万美元。我想这对于它将带来的收益来说，简直不值得一提。”

“好吧，你说说看。”

“把现在的牙膏产品的开口处扩大1毫米。”

话刚说完，总裁立刻便签了一张5万美元的支票，当场交给了维森。然后打电话通知各部门下午召开全体会议。

接着，这位总裁给了维森一张镀金名片说:“如果你愿意，我可以让你来公司挑个座位，我想它比你现在的位置要舒服。”

试想一下，如果每天早上或晚上，每个消费者都多用1毫米的牙膏，那么每天牙膏的消费量将多出多少倍呢?牙膏的消耗是一定会促进量的销售的。

对于维森来说，他有着一种销售人员所应当具备的素养，屡遭拒绝，但却不会灰心。当得知即将面临的客户产生难题时，他的私有“产品”便随即产生了，并且他敢于开口让总裁去花5万美元来买自己的产品，这是一种自信，因为他相信自己的点子一定是“有效产品”，会给“消费者”带来收益，是消费者目前所急需的。

另外，最为重要的是:同时，他也卖出了自己，直白地说，他推销了自己。除了5万美元的金钱收入，他还获得了事业发展的机会，并且，他的名字将让公司总裁铭记于心。

有人可能说，这是他碰到了一个好机会，就好像在海边玩要却捡了一枚价值不菲的宝石一样。

事实是什么呢？事实就是，即使在咖啡厅里有一群销售人员听到了总裁的讲话，也不会有人去主动搭腔，因为大家都知道当一个人在气头上时，主动去推销，就等于是自找没趣。另外，他们的手中也许并没有像维森这样的随即而生的“产品”，即使有，也没有像维森这样的勇气与信念。

维森成功了，原因就是：他敢！他敢于去向任何人销售自己，以及自己的产品。

5 不做准备，就是在准备失败

在整个的销售过程中，你的销售是否能够取得成功，完全取决你销售之前的准备工作做得是否充分。如果你售前准备工作非常充分的话，会让客户及时感受到你的诚意，拉近你和客户之间的距离，你将会在客户心里树立良好的形象，从而建立宽松、和谐的洽谈气氛，促进洽谈顺利地进行。

那么，一个销售人员如果在销售之前没有做好充分的准备，将会怎么样呢?

答案很明确，他就是在准备失败。

作为销售人员，你愿意在销售的过程中准备去失败吗?这是一个傻瓜都不愿意去做的事情，相信没有人愿意会有这样的结果。你的目标就是“成功、成功、再成功”，如果你有了这样的目标，那么就请你做好售前的准备，并且“准备、准备、再准备”，充分的准备同时也是在为迎接成功而做准备。

有一句话是这样说的：“机会总是留给有准备的人。”

同样，销售也是。销售的成功，往往也是留给有准备的人。

做好售前准备的意义

销售人员为什么要做好售前准备工作？做好售前的准备工作对于整个的销售来说有着什么重要意义呢？这是我们首先必须要了解

的，下面我们将分别阐述售前准备对于整个销售的意义：

（1）增强销售人员的信心，为取得成功打下良好的基础。试想一下，如果你在火车站遇到一个陌生人，在你和这个陌生人谈话的时候，你一定会显得特别的谨慎，因为你对他不了解，不知道他是做什么的，他是否还有别的目的，如此等等。然而，如果你遇到的是你朋友的一个朋友，你虽然没有和他有过交谈，但是你曾听朋友说起过他，你知道他的职业与一些特别喜好，比如旅游。这样，你和他的谈话还会那样的谨慎吗？同样的道理，我们要先把客户变成熟人，熟知客户的基本状态，那么在与客户交谈时就会避开客户所忌讳的话题，切入到客户所乐意交谈的话题中，冲破了客户心理的那道防线，那么你离成功还远吗？

只要我们对客户做了一些前期的准备工作，我们就会更加有信心地解决客户所提出的问题，只要你准备得够充分，就算是你暂时解决不了客户提出的问题，你也有信心处理尴尬的场面。

（2）了解自己的产品与企业，提高销售的成功率。当你去拜访一个客户时，对于你对面坐着的客户来说，你就是公司，尽管你只是代表着公司，但是客户只能从你那里了解到公司的产品、背景、经营方针、企业文化等，所以你对公司的了解关系着你这次会谈的成败，就算你的产品是如何的优秀，公司是如何的有实力，但是如果你不了解这些，传递给客户的信息就会出现错误，继而影响你的销售进展。

（3）提高公司的知名度。一个有准备的销售人员留给客户的印象应是非常完美的，即使他现在不买你的产品，如果这个客户以后需要，他第一时间想到的是你和你的公司，他还是会选择你的产品，因为你们公司已经在他的心目中有了一个很好的地位，也许由于你的充分准备，他会把他的朋友介绍给你，成为你的准客户。

如何做好售前准备

一个老练的销售人员，在他开始行动之前往往会做很多的准备工作，比如熟悉产品的特性，了解客户的兴趣爱好，自己衣着是否整齐等等，这些准备工作都是一次成功销售的基本前提。为此我们为了能够更好做好售前的准备工作，可以把这些准备工作做个细分，分别为：熟悉产品、了解客户和物质仪表的准备3部分，下面我们将一一作分析。

（1）熟悉产品

你能否将自己的产品完整地介绍给客户，是客户能否认可你的产品的关键，所以我们首先需要了解的应该是自己的产品，在每一次拜访客户之前，先对产品及公司背景有一个准确的准备。一般来讲，当你要向一位客户推销你自己的产品的时候，你首先要有以下的目的：

A. 让客户完整地了解自己的产品。

B. 向客户提供选择自己产品的理由（你的产品能够给客户解决什么困难）。

C. 向客户介绍自己产品贴心的售后服务。

D. 让客户在今后的一段时间内，能够记住你，记住这次会谈。

E. 当客户需要你的产品时，能够在第一时间想到你。

我们要达到这样的目标肯定会有一定的难度，也绝非是一两次就能够达到这样的效果，尤其是在一些大生意中，所要耗费的周期相对来说比较长，这样的拜访可能要重复很多次，为了达到我们拜访的目的，首先我们要想办法降低达到这些目标的困难。

在上面这些目的当中，我们看到大多全是与产品有关，既然熟悉产品对一个销售人员来说有那么的重要，那么我们从哪些方面开始熟悉呢？基础是从产品的概念开始，产品是提供给消费者使用的，可以解决客户的困难。产品一般分为有形、无形和附加产品，对于一个销售人员来说首先要了解产品的类型、功能、价格等特性。在客户问到自己的产品时，销售人员能够快速、流利地介绍本公司的产品，这样会很快取得客户的信任，为客户留下一个良好的印象。

如果销售人员对自己的产品不了解，在与客户沟通的过程中，当客户问到关于产品的问题时，你不懂装懂或者什么都不知道，在回答客户问题时就会出现逻辑上的错误，那么你将会失去客户的信任，你拜访的目标将会无法实现。在熟悉产品时，我们可以从以下这几个方面着手：

① 熟悉产品的质量和价格。作为客户，他们总是在寻找性价比高的产品，寻找物美价廉的产品，所以质量和价格是你首先必须要了解的。客户对产品的追求不同，所以他们会选择不同的产品，比如：有的客户是为了超低的价格才去购买你的产品；有的客户是因为质量好，持久耐用才去购买你的产品；而有的客户是为了追求时尚、豪华才去购买……

同时，在了解自己产品的质量和价格的同时，还要了解同类竞争产品的质量和价格，因为在生活中有很多的客户都会货比好几家。了解竞争产品，是为了更好地寻找谈判策略，灵活变通，以确保客户能够最终选择你的产品。

② 了解自己产品的特性。作为一个优秀的销售人员，一定要了解自己产品的优缺点，我的产品和别的产品相比会有什么样的优势？我的产品的缺陷是什么？它为什么会有这样的缺陷？这样才能充分地剖析自己的产品，在给客户介绍产品时，突出自己的特点，让客户知道你是在客观地评价自己的产品。

③ 熟悉自己产品的保养方法及售后服务。客户在购买产品时除了产品的质量外最重要的一点就是产品的售后和保养，很多的销售公司都明确地打出了“客户就是上帝”的口号，可是当客户买了产品，在使用的过程中出现了问题的时候，客户就不再是上帝了，所以，对于现在的客户来说，他们对产品的售后服务是非常重视的。因此可以说，售后服务的口碑也是交易中客户参考的决定性因素之一。

当然保养方法也是你必须掌握的，客户在购买你的产品之后，他不希望在短期内报废，所以他必须要了解产品的保养方法，这一点对于客户来说也是非常感兴趣的，只有你了解了这些保养方法之后，客户才会认为你更加的专业，才会赢得客户的信任。

（2）了解客户

我们现在了解一下在你准备会见客户之前，你对客户需要做哪些准备工作，你是否已经想好了下面几个问题的答案：

A. 这个客户与你拜访成功的客户有什么相同的地方？有什么不同的地方？

B. 你将如何说服这个客户？

C. 要是客户打断了你的谈话，你该怎么办？

D. 你是否了解客户的基本信息？

E. 你准备如何为客户留下深刻的印象，让客户记住你？

F. 你了解客户现在遇到的问题吗？

G. 你的产品将为客户解决什么样的问题？

以上这些问题在你拜访客户之前你都找到答案了吗？你有把握去应对这些问题吗？如果有，那恭喜你，你的这次会谈已经成功了一半。如果你还没有想好怎么样应对这些问题，那么请你不要轻易地去约见你的客户。

我们先看一个例子，看看艾伯特是怎么做的。

艾伯特是一个刚毕业的大学生，来到了一家房地产公司做销售。最初，由于对业务的生疏，他的业绩几乎是以零收尾。但是，艾伯特却始终没有灰心，他认为上帝是公平的，既然自己选择了做销售，那就要用心地做好它。

上帝似乎感受到了艾伯特的虔诚，终于给了他一次机会。

一天，销售中心来了一位老先生，是由艾伯特负责接待的。从谈话中，艾伯特了解到：老先生是因为厌倦了市区的吵闹，于是便想要在此选择一套位置远离中心街道，可以让得了胃病的妻子好好享受每一天生活的房子。

艾伯特从得知老先生的妻子得了胃病的那一刻，便开始想要以此为切入点，突破客户的顾虑。

于是，当天晚上，他便找到了做医生的父亲，详细了解了胃病的病理情况以及注意事项。第二天，艾伯特就进行了预约拜访，老先生与妻子很热情地接待了他，因为儿子常年在外工作，很少有人会来看望他们，所以，他们对客人的到来显得十分激动和热情。

艾伯特在谈话中一直关注着老先生妻子的健康状况，对于售房的事情只字不提，并且把已经背下来的胃病注意事项，饮食宜忌都融入到与老先生的谈话中。当然，除了一些最为基本的胃病常识外，艾伯特还有一些新的理疗方式与营养配方，否则，阐述一些经常与胃病打交道所熟知的一般事项，只会显得呆板。

可以看得出来，关心妻子的老先生听得十分认真，谈话中还起身去拿了纸笔做记录。

"哦，简直太感谢你了，我想我又学到了一些新的知识。"

"希望对您有用，可以让您的太太尽快恢复健康……"

通过第一次成功的拜访，艾伯特与老先生渐渐变得像朋友一样，他时常会带着有助于胃病养护的食物去拜访，这让喜欢美味的老太太兴奋不已。

最终，在艾伯特又一次利用下班时间去看望老先生的时候，老先生笑着对艾伯特说："我想我们可以尽快把合同签了，呵呵……"

之后，热情的老先生时常会介绍自己的老朋友与家人给艾伯特，希望艾伯特可以帮助他们选择一套最舒适的房子。

艾伯特的业绩开始直线上升，当然，这并不是因为老先生一个人的帮助，因为艾伯特已经打造了很多像老先生这样的朋友一样的客户……

了解客户的需要，知道客户的困难在什么地方，他会问一些什么样的问题，然后在自己力所能及的范围内帮助客户解决困难，做好准备工作，你一定会感动客户。

(3) 仪表的准备

首先，作为一个销售人员，留给客户的第一印象就是你的行为仪表和气质，一个外表整洁大方、干净利落、庄重有气质的销售人员，首先会给客户一个非常良好的印象。作为客户，他会愿意和你交谈，愿意跟你说他的需求、他要解决的问题等。

其次，在你会见客户之前要充分准备好自己的销售工具，比如说产品的资料、样品、价目表、竞争产品的对照表、合同、黑色签字笔、笔记本等等，这样在客户需要的时候你会及时地拿给他看，让客户感觉到你很专业。

最后，在会谈中最好将自己的手机关机或者调整到静音状态，以免影响和客户的会谈。

6 你应该让客户笑着消费

你希望在向客户推销你的产品时，客户有什么样的反应？是让客户听完你的介绍之后微笑着买走了你的产品呢？还是耸耸肩、皱皱眉头说：“我考虑一下再给你答复吧！”显然，让客户满意，促成交易是我们的唯一目标，但是我们怎么样才能够让客户笑着买走我们的产品而且在交易成功之后还会对我们说：“哦，我很期待它的表现……谢谢！”

这就需要我们去了解客户的心理，看看他们在购买产品的时候是怎么想的，然后根据客户的心理，给他们想要的，客户必然会笑着接受你的产品。

如果你不懂客户的心理，那么你就不会让客户微笑，客户就不会很容易地去接受你的产品，你的销售可能就会变得非常困难，因为你不知道他们想要的，你不能投其所好。其实每一个人都有一颗虚荣心，你、我、客户都是一样，你需要抓住客户这颗虚荣心，让客户得到一种满足感，这样你就已经敲开了销售的大门。

了解客户的心理——一个成功的销售人员，肯定是一个善于琢磨客户心理的销售人员，这已经成为销售行业的一个真理。所以，你有理由相信，销售其实就是你和客户心理上的一种对抗，只要你了解了客户的心理、了解了客户的需求，你就会在这次对抗中处于优势的位置。

在美国，有人曾经做了一项调查，结果显示：一般来说那些优秀销售人员的业绩是一般销售人员的300倍。在大多数的销售公司，他们的数据分析更是让人惊奇，一个公司80%的业绩居然是靠20%的人创造出来的，也就是说，80%的销售人员只创造出了这个公司20%的业绩，这80%的人并不是长得不漂亮，也不是不善于沟通，他们和那20%的人相比，唯一的区别就是不善于了解客户的心理。

客户为什么会“笑”

在当代市场，作为客户，他们需要的不仅仅是你的产品，更需要的是你提供的服务，因为客户知道，有了服务，他们使用的产品才会有保障。

一个没有服务的产品就像一个冰块，客户是不会花钱购买这样的产品的。

你的商品的服务价值越高，客户就会更加相信选择你的产品是正确的。企业如此，作为一个销售人员也应该如此，你要从另一个角度给予客户更多的附加服务，让客户觉得他买你的产品是非常超值的，因为客户从你那里得到了很多附加的服务，这些附加服务就是满足客户的心理需求。

不同的消费者有不同的消费心理，是随着自身环境、周围环境、社会风气，观念以及认识的不断改变而改变，所以你必须仔细地研究消费者的心理规律，才能给予客户无形的附加服务，促进交易的成功。

我们先分析一下客户的购买动机，一般来说购买动机可分为两大类：第一，生理上的购买动机。这是每个客户在日常生活中必须要产生的购买动机，只要客户有需要，他们会毫不犹豫地去购买。在这个购买过程中，他们很少会因为由于难以选择而延长期限，针对这类购买动机，他们的购买心理其实很明确，销售人员只要把握好时机，适时地把自己的产品完美地介绍给客户，那么你就能够在当天完成交易。第二，心理上的购买动机。这种动机主要是由于心理需要或者精神上的需要而引起的，在客户的心中比较复杂，但是它对客户购买的影响占有很重要的地位。如果你还是不明白客户为什么会笑，那么我们就看一下阿诺是怎样面对他的客户的。

阿诺是一个挖掘机销售人员，在这个公司已经工作了3年，销售业绩在公司来说还算可以，他为人忠厚老实，老板和同事都很喜欢他。可是最近他却一直为一件事情而发愁，并且已经到了抓狂的地步。

两个月前，阿诺去拜访了一个客户，这个客户是一个房地产老板，生意做得很大。阿诺详细地介绍了自己产品之后，这位客户当即就决定买一台阿诺公司的产品，并且当时就交了订金。可是当车从厂家运回来，阿诺再次联系到这个客户的时候，客户突然告诉阿诺，他不想要这个产品了，问其原因，客户只是告诉阿诺，自己的资金不到位。

阿诺知道，这并不是真正的理由，而只是一种托词。这种情况让阿诺很为难，按照合约，阿诺有权不退给这位客户的订金，如果不退的话，会影响自己的和公司的声誉，对以后的销售带来困难，但是如果退的话，阿诺就失去了这个客户，并且如果这次交易成功，以后还会给阿诺带来更多的效益，所以阿诺很不想放弃。

这天阿诺在咖啡厅偶然遇见了一个很久没见的朋友，他们彼此寒暄了几句之后，阿诺才得知，这位朋友就在那个客户的公司上班，并且是他这位客户的秘书。

这位朋友告诉阿诺，这几天老板心情特别不好，因为工地上的挖掘机坏了好几台，挖掘机的代理公司售后服务不到位，到现在还没有修好，已经严重影响了工程的进度。所以，老板准备买几台新机器，但是一定要质量可靠，售后有完善的保障。

阿诺问道："可是，你们老板为什么不选择我们的产品呢?"

"因为市场上传说你们的产品售后不够完善，所以老板就放弃了。"

阿诺听了朋友的话后，知道了问题的所在，马上回到公司找出了产品售后服务制度、在售后服务比赛中拿到的各种奖项、售后服务优秀团队证书以及维修硬件设施资料，一同拿到了这位客户的办公桌前，客户看了这些之后，微笑着说："阿诺先生，你的确应该早一点把这些东西拿给我，你已经浪费了我很多的时间，我们现在就把合同签了吧!"

阿诺高兴地拿出了合同，一个僵持两个月的单子终于被阿诺拿下了。

阿诺最后为什么会成功？客户为什么会微笑？就是因为阿诺解决了客户心里所担心的问题，如第一节所讲，其实在很多的时候，客户拒绝你的理由并不是真正的理由，你必须要去了解客户的心理，分析客户的心理，继而满足客户的需求，这样会解决你与客户之间的很多问题。

如何让客户"笑"

很多的客户在购买产品之前，都会有这样的疑问：我购买你的产品会解决我什么样的问题？能否完全解决掉？这是每一个客户的心理顾虑，这样的心理顾虑其实就可以表明客户的购买动机已经产生了。

客户有了购买动机，有时候并不能产生购买行为，在很多的时候，当你在极力地想说服对方时，对方的态度却突然变得非常慎重，这就表明他已对你有了戒备的心理。对你有了戒备的客户显然是很难和他有良好的沟通的，但是你和熟人谈话的时候有时也会出现这样一种状态，所以首先你要判断出客户对你是否真的有了戒备，即使有了戒备心理你也不能因为困难而放弃销售的想法，那样就是不战而败，就像军队中的逃兵一样令人唾弃。所以，你必须解除客户的这种戒备心理，获得对方的好感。

当客户对你产生戒心的时候，你告诉客户说："您不必对我有戒心。"如果你这样说你肯定是疯了，这显然是行不通的，这个时候你应该做的是停止你对客户的说服工作，调整你和客户之间的情感，把你对客户的关心传达给对方。

在一个汽车4S店举行的座谈会上，他们评出了10名优秀的销售顾问，而这10名优秀的销售顾问都有一个特点就是不善言辞。

大家感到很奇怪，于是就请他们各自写下自己的销售经验，结果令人惊奇，原因是由于他们不太会说话，所以就成了客户忠实的听众。

因为客户不会对他们产生戒心，从而对他们说出了真实的心理感受，就是无形地进行了情感的交流。

所以，销售人员在推销自己的产品时，要尽量控制自己的说话，引导客户去说，这样才能消除客户的戒心，从而知道客户的真实想法。

当然，如果你一直保持沉默的话，就不能和客户进行有效的交流，客户会认为你冷落了他，对他不够尊重。所以，在谈话的过程中，不妨时常给客户一些示意，比如说："嗯，您说得很对。""我明白您的意思。"或者点头，表示你一直在关注着你们的谈话。当客户意识到你对他的意见表示肯定的时候，他的警戒心就会消失。下面是几种拉近客户距离，让客户"笑"起来的方法，在销售的过程中，我们可以加以运用：

（1）在听取对方说话的时候要专心，对于客户的怨言，要关心。

（2）对于一些沉默不言的客户，你可以以他的物品或者动作为话题，引导对方开口说话。

（3）在客户跟你说话的时候，一定要保持微笑，让客户感受到你的亲和力。

（4）以和对方有关系的第三者为话题，拉近和客户的距离。

对于有的客户来说，可能在他的心目中已经形成了一种先入为主的观念，比如当你把保险推销给一个客户的时候，你只是把名片给了这个客户，你并没有介绍你们公司的产品，他就已经拒绝了你，这是为什么？

可能在这个客户的心目中，保险就是骗人的东西，对保险有一种很固执的偏见，因为他没有去好好了解这个产品，而当他最信任的朋友介绍给他的时候，他也许会考虑一下，甚至去研究，继而购买。对于这种客户我们就不能直接地给客户推销自己的产品，首先是要和客户建立一种和谐的关系，以朋友的关系转变客户的观念。

如果你已经对心理学有了一些研究，那么你肯定会觉得原来销售是这么的简单，是的！只要你了解了客户的心理，你就能让客户笑着消费。

第二章

你要知道，面对“上帝”的第一句话有多重要（开场白的强化）

一个销售人员，当你面对一个新客户的时候，你首先要做的就是开场白，而开场白是否有效和是否有力度，直接关系着你们下一个阶段能否顺利地进行。

开场白就是你的一块敲门砖，你必须强化这块砖，最好是把这块砖强化成金子，这样你就能够更加容易打开客户这扇门。所以强化你的开场白是一个销售人员必做的功课。

对于买方来说，他可能存在着很多的问题，但是他有时候不会把这些问题告诉你，该怎么办呢？你的开场白就是一个很好的引导工具，用你精彩的开场白激发客户的问题，这样你就能够知道客户的问题，进而解决这些问题。所以开场白对你在销售中是具有很重要的作用的。

如何开始你的开场白？

在开场白中你需要注意哪些问题？

怎么用你的开场白去激发客户的购买欲？

……

如此等等的一系列问题，在这一章中将会为你解决。

7 即便是死神来了，你也要敢于开口

对于一些销售人员来说，不管他们的开场白准备得如何，是有效还是无效，他们都有一种胆怯的心理，他们怕自己的开场白引起客户的反感，或者吓走客户，或者由于外界的环境以及客户的性格等原因给自己造成一种心理障碍。

这种障碍一旦在他们的心里产生，他们就会对自己事前准备好的开场白不敢说出口，或者有所保留，从而没有达到预期的效果，这样当然就会延迟他们的销售进程。

正如我们的题目——即便是死神来了，你也要敢于开口。

所以无论在什么情况下，遇到什么样的客户，你都要敢于开口，因为这是你进入销售阶段的第一步，或者说是你成功的准备阶段。

沟通是一切美好的开始，有沟通才会有希望。在人们的日常生活中处处都存在着沟通，不管你是做什么职业的，每个人都需要沟通。作为家庭主妇，去菜市场买菜需要和商贩讨价还价，期望达到自己满意的效果；作为管理人员，你需要和你的同事沟通，让你的员工互相团结，组建一个完美的团队；作为老师，你需要和你的学生沟通，让你的学生好好学习，做一个优秀的学生……而作为销售人员的你，需要和客户沟通，建立起你和客户的关系，把你的产品销售给客户，去解决客户的困难。这一切都要从沟通开始，一个有效的沟通需要一个有效的开场白作铺垫。

显然，对于一个销售人员来说，一个好的开场白是必须要有的！而有的销售人员，尤其是一些刚刚进入销售行业或者经受了几次挫折的销售人员，他们所面对的困境正是“不敢说出自己的开场白”，这是一个十分严重的问题，所以我们现在、立刻就要解决这样的问题。

▶树立不怕死的精神

一个销售人员不敢开始自己的开场白或者对开场白没有信心，最大的一个原因就是怕失去客户、怕失败。

试想一下，如果你不开始你的开场白，你就无法开始你的销售，这样你当然不会失败，但同时你也失去了一次成功的机会。

作为一个销售人员来说，你的主要工作是什么？那就是销售。如果你为了避免失败而不去开口，不开始你的销售，那么这就是对工作的失职。

“敢死队”给我们的印象就是：这支队伍的每个人员都不怕死，不管是多么困难艰险的事情，他们都会去做，在战争中，如果有这样的队伍出现，那么即将上演的就是一场血腥的战争。

为什么会出现这样的队伍呢？

首先，在战争的一方如果有这样的队伍出现，在心理上会占有很大的优势。其次，这样的队伍不计结果如何，成功还是失败他们都不在乎，所以他们敢于向前冲。

对于一个销售人员来说，当然不会有这样关乎生死的事情，但是对于一个不敢开口的销售人员来说，你就必须树立这样的精神，不要怕失败，在你开始你的开场白之前，不要去想如果失败了会怎么样，客户对你有不好的语言会怎么样，你的目的就是将你准备好的开场白完美地讲给你的客户。

有一些很有经验的销售人员，他们往往都会很好地处理在开场白中发生的突发情况，而对于一些没有经验的销售人员来说，在说出自己的开场白之后，有的客户可能出现了他们意想不到的反应，这时他们就无法应付，甚至在一些客户说出一些极端的话语的时候，他们觉得会很没有面子。为了保住他们所谓的面子，之后他们就对自己的开场白产生了恐惧感，对一些没有把握的客户他们不会轻易地开始自己的开场白，殊不知，就是因为这样的原因，他们失去了很多的客户。

有这样一位销售人员，为了生活他在很小的时候就进入了销售行业，后来他去一家汽车公司做汽车推销员，为了自己能够过上很好的生活，他每次都要跑很远的路去见很多的客户。

推销汽车在当时来说是一件非常困难的事情，因为很多人的经济条件很难达到去买汽车这样的水平，所以在他推销的过程中总是遭到很多人的嘲笑甚至怒斥。

为了能够找到有效的客户，他复印了很多名片，早上他把自己的名片装满自己的口袋，然后开始出门。在去公交站牌的路上，每见到一个人，他就会把自己的名片发给对方，并告诉他：“您好，我是汽车销售人员……”

有的人面对这样突如其来的介绍，觉得很搞笑，用异样的眼神看着他，好像在确定他是不是有病。

这位销售人员并不在乎，继续他手中的工作。上了公交车之后，他把自己的名片发给除了司机的每个人，并一一向他们介绍自己。

有些乘客看到有人莫名其妙地给自己名片，有些躲闪，有些刻意地捉弄，拿到手里便随即扔到垃圾桶里。

面对这样的侮辱，这位销售人员认为：哦，他今天的心情似乎不太好，那么……等到他心情好的时候，我再向他推销我的汽车，他一定会需要的。

面对别人的不理解，他总是用一颗平常心去看待。就这样，这位销售人员每天继续着这样的工作，直到有一天，他的汽车销售业绩上去了。他的名字几乎被全世界的人都知道了，他的个人销售纪录被收录在了《吉尼斯世界纪录大全》里面。

这个人就是乔·吉拉德。

一些销售人员在没有见到客户之前就在想：如果客户对自己看不起怎么办？这样自己岂不是很没有面子？

这样一来，首先在心理上就自己阻止了开场白的进行。其实，对于很多的客户来说，只要你能够解决他们的问题，能够展现出他们需要的东西，他们一般是不会给你难堪或者拒绝你的产品的。

对于一些自尊心比较强的销售人员来说，如果客户稍有对自己不尊重，自己就感觉很丢面子，感觉到人格受到了侮辱。这是一种非常严重的偏见。

试想一下，如果在你非常忙的时候，有人向你推销你不需要的产品你会怎么办？耐心地听他讲解一些你不需要的东西？为保存对方的面子花一些时间去拒绝，还是直接告诉他："我不需要！"相信你会对他说："我不需要！"

所以你不能因为对方的态度就不敢开始你的开场白。对于有些客户，可能由于他们性格的原因，会对你做出一些言语或动作上的侮辱，比如把你的名片扔掉，让你离自己远点等，你更不能因为这些原因就不敢于开始你的开场白，因为并不是每一个客户都会用这种态度对你，目前的不需要，并不代表此后他们也不需要你的产品。

在有的销售人员遇到一些挫折的时候，他们就开始以貌取人，然后决定是不是开始自己的开场白，这种做法带有一定的主观性和偏见。在销售中，最为忌讳的就是以貌取人，而且以貌取人会让你失去很多销售的机会，我们看一下莱克在销售时和他的同事之间的区别。

莱克和一个老销售人员同是一家高端医疗器械店的销售人员。莱克来这个店只有一个月，但是他的销售业绩却和那位老销售人员的业绩相差无几。

这天，店里进来了一个客户，这是一位老先生，穿着朴素，头顶还戴着一个很旧的帽子。老销售人员看见这样装扮的客户之后，不再与莱克争抢，而是装作忙着整理资料的样子。

莱克来到这位老先生面前，很礼貌地接待了这位老先生，并且详细地介绍了自己的产品。原来老先生想为太太买一套治寒腿的器材，经过莱克的介绍，老先生当即便买了一套产品。

所以对于一个销售人员来说，不管你是在谈大生意还是小生意，在拜访你的客户的时候，都不可以貌取人，不要因为自己觉得一些客户没有希望，不可能购买你的产品，而拒绝向他们开始你的开场白，这是销售中一个严重的误区。

谁也封不住你的口

还有一些销售人员不敢开口的原因就是对自己的产品和自己没

有信心，害怕自己的产品会对客户产生不好的影响，害怕遭到客户的投诉。

关于对产品的自信在第一章已经提到过，只有对自己的产品充满信心，你自己才会更加有把握、更加有信心地向客户开始你的开场白，所以，首先要建立你对产品和自己的信心。

在你的销售过程中，你可能会遇到一些比较刁难的客户，这些客户很有可能会在整个销售过程中占主导地位。他们一开始就挑你的产品的毛病，从而封住了你的口，这样你的开场白的陈述可能就会遇到一些问题，因为客户根本不给你开始开场白的机会，这时你就会处于被动地位。

在会谈的过程中，本来应该是谈价格的时候，你却因为怕客户走掉或拒绝而迟迟地不开口，这样很不利于销售的完成。在面对这样客户的时候，不要因为他的强势或者刁难而封住了你的口，仔细听客户说完，把握好你要发言的时机，在合适的时机把你的开场白说出来，去主导整个销售的过程。

威尔逊是一家电脑销售公司的销售人员。一天，有一个朋友给他介绍了一个客户——查理先生。

第二天，威尔逊便准备去拜访查理先生。从朋友那里得知，查理先生是一个非常刁难且得理不饶人的人，所以在出发之前威尔逊做了很多的准备。

早上威尔逊来到这家公司，查理先生很有礼貌地接待了威尔逊，两人面对面地交谈了起来。

在秘书给威尔逊倒了一杯茶后，威尔逊开始说："您好，查理先生，我是ＸＸ品牌的电脑销售人员……"

威尔逊的话还没有说完，查理就打断说：“什么？你是ＸＸ品牌的电脑销售人员，哦，天哪！你们的产品太令我失望了……前年我买了一批你们的产品，没用几天主机就坏掉了，而且维修还需要很长的时间，严重影响了我的效益。实在对不起！你们的产品我真的无法再接受了！我想我今天的时间不需要再浪费在这件事情上面了……”

威尔逊还没有开始他的开场白，就被查理先生打断了。显然，查理先生听到他们的品牌很生气，并且已经开始下逐客令了。

威尔逊想了一会儿，很镇静地说：“发生这样的事情我感到很难过，前期公司正处于发展中，所以售后服务系统还不是十分完善。但是，现在我们的企业已经是一家十分成熟的高科技企业，产品是升级和改进过的，而且售后服务也已经实施得十分到位。我回去马上整理一份以前的产品和现在产品的对比表给您寄过来，相信您会喜欢我们的产品的。”查理先生听了威尔逊的话，并没有说话，直接走出了办公室。

查理先生的这种做法并没有让威尔逊放弃这个客户，他知道自己需要重新开始自己的开场白，因为查理先生了解的是他们以前的产品，对目前他们公司的产品根本不了解，他需要改变查理先生的看法。

威尔逊回到公司马上整理了一份产品对照表，第二天他亲自把这个对照表送到了查理先生的办公室，并告诉查理先生，目前产品的优点等。

经过威尔逊的努力，查理先生改变了看法，订购了威尔逊的产品。

面对一些对自己产品有不好的看法的客户，你可能无法开始你的开场白。他们会在你开口之前将你拒之门外，甚至对你的品牌进行语言上的损伤，面对这样的客户你可能无法开口，无法叙述你的开场白。但是只要你调整好心态，你就会打开突破口，让这样的客户接受你的产品。

培养一个良好的心理素质是一个精彩开场白的条件之一，不管你面对的是什么样的客户，在什么样的环境下开始你的开场白，你都能够从容地去面对。

比如你去参加一个竞标会议，这次竞标是否成功直接关系着你们企业以后的发展，而你的开场白的成败也直接关系着这次竞标的成败。面对台下很多的竞争者和很多的同事，你是否会由于紧张而忘记之前设计好的开场白呢？是否会由于过大的压力而在开场白的过程中出现语言上的错误呢?

对于一些没有经验的销售人员来说，这也许是一个挑战。如果你拥有良好的心理素质，那么你就能够保持一个平静的心态，勇敢地去面对这样的挑战。

8 切忌“开口便要钱”，尽管这是你的最终目的

很多的销售人员在开场白中会犯这样一个错误，一开始就向客户介绍自己的产品，介绍产品的功能、优势，有多么的超值，你只需要付多少钱就可以拿走我们的产品等等，对于销售人员来说，这是一个愚蠢且盲目的做法。

也许你说了半个小时，也不能够引起客户的兴趣。

对于客户来说，可能就会显得非常茫然，不知道你所讲的与自己有什么关联，可以为自己解决什么样的问题！也许有些客户听到你这样的开场白会非常的反感，在一些大的生意当中，客户能够给你开场白的机会，已经是非常的不容易了，因为他们的时间非常宝贵，如果他们听到的只是一些与自己关系不大的开场白时，他们会觉得这是在浪费时间，当然他们就不会再给你陈述的机会。

在一次开场白中，如果过早地介绍你的产品，对于整个的销售是相当不利的，甚至会破坏你们这次的成交。因为在你过早地介绍你的产品时会产生两个问题：第一，在对方对你的产品没有任何概念，并且你对对方也没有任何了解的情况下，你将你的产品、服务等一系列的细节就毫无保留地扔给了对方，这样没有任何基础地介绍产品和服务的细节，会给对方一定的压力，对于客户来说没有很大的作用。第二，在你一开始就把这些问题扔给对方后，对方会问很多你意想不到的问题，从而引导了这次的谈话，在整个的销售过程中你将会感到非常的被动。

让客户认同，再向客户“要钱”

在你向客户开始开场白的时候，你的目的是什么？让对方买你的产品然后把对方口袋里的钱转移到你的口袋里面？

如果你只是单纯地这样想，那么你的销售肯定会出现一些问题。

你首先的目的是赢得对方的同意，让对方认可你，你应该把注意力放在对方的身上，以对方为中心，包括他的表情，他的一举一动。比如在你的开场白中，你发现客户有疑惑的表情，你可以问客户：“您现在存在的是什么问题呢？”而不是以自己产品为中心，对于客户的反应不管不问，只是一味地说自己的产品有多好，如果是这样，那么你所讲的也就失去了开场白的意义。

以客户为中心就是需要了解客户的一切，比如你面对是一个什么样的客户？这位客户以前有没有用过你的产品？目前用的是哪家的产品？客户会给你多少的时间去陈述你的开场白等等，这些都需要去认真地了解，然后把你的开场白融入到里面，保证客户很有兴趣地去听取你的开场白，这样会使对方更加信任你，在你提出的一些新的思想或者建议的时候，对方也许会非常乐意接受，从而为你的下一步销售行为打下很好的基础。

如果在你的开场白中，以你自己的需要为中心，那将会是一个很糟的结果。我们看一下比尔的例子，就知道事情有多么的糟糕了。

比尔是一个办公用品的推销员，每天比尔的工作就是出去寻找客户，拜访那些需要自己产品的客户。然而，新的一年已经过去5个月了，比尔一件办公用品都没有推销出去，这让比尔的心情很不好。

一天，比尔终于找到了一家刚刚成立的公司，这家公司需要大量的办公用品，老板吉姆让比尔第二天去找他。

这让比尔很是高兴，他想：“如果这笔生意做成了，我就会赚很大的一笔钱，有了这些钱我就可以给妻子买一个承诺了许久的戒指了！”想到这里，比尔很是兴奋。

第二天比尔准时到达了这家公司，并且和这家公司的负责人吉姆见了面。

比尔说：“尊敬的吉姆先生，您好！我们公司主要生产电脑桌、办公桌、办公椅等办公用品，这是我们的价格表，您过目一下！”

吉姆看来是一个非常爽快的人，看了价格表说：“那就给我订10张电脑桌、10个电脑椅和5张办公桌吧！”

比尔听到这样的话，高兴中不免带有一点失落，因为吉姆订购的这些产品并不能给自己带来很多的奖金。于是比尔接着说：“我们的产品是世界上最好的产品！您买我们公司的产品越多，我们公司将会给您越多的优惠，我看您公司这么大，应该需要更多的东西，您是否考虑采购更多的东西?”

吉姆听了比尔的话后很坚定地说：“不！不！我们真的不需要那么多的办公用具，如果您觉得我能够采购那么多，我想是您错了！还有，您说您的产品是世界上最好的产品，我对这一点很是怀疑，所以我需要考虑一段时间后再给你回复……很抱歉我收回刚刚的承诺……”

比尔的产品没有订购成功。几天后，比尔在经过吉姆公司门口的时候，发现有戴着吉姆公司工作牌的员工正在往公司搬运一些办公桌，而这些办公用品并不是自己公司的产品。

比尔的销售失败了，他的失败就是太过以自己的利益为中心，总是在想："如何让客户买更多的东西，然后让自己赚取更多的奖金！"

这样让客户就会不自然地感觉到："你的这些产品可能并不能帮我解决问题，而对你来说，却能解决很大的问题。"

在整个开场白过程中，当客户感觉到他的利益小于你的利益的时候，他们就会有一种被忽视或者不被重视的感觉。从心理学的角度上来说，如果需求者的心理需求没有达到他们所期望的，那么在他的大脑皮层就会形成"抵制"，需求者就会放弃他们的需求。所以在开场白过程中，你需要以客户为中心，消除客户的这种抵制。

以客户为中心，站在客户的角度去想问题，"如果我现在处于客户的这个位置，我需要听到的是什么？"尽可能地让客户感觉到，你说出的就是我所需要的，在客户的很多问题和疑难还没有出现之前，你已经提出了为客户想好的各种处理办法，让客户知道，你刚才所说的一切，就是为他量身打造的，让客户充分地感到一种满足感，这样，相信再怎么难缠的客户也会被你所打动。

如果让客户认同你的产品，那么，你就需要以客户为中心，而我们经常看到的却是很多的销售人员并没有这样做，或者做得还不够，这就需要我们去改变。

很多有经验的销售人员都明白，在开场白中，他们很少谈及到关于产品的一些东西，他们总是围绕着客户的问题去讨论，最重要的是他们很少谈到价格或者钱这个问题，因为价格这个问题在这个时候涉及到是最不合时宜的。在开场白过程中，就算是客户问到价格的问题，这些有经验的销售人员也会巧妙地将这个问题引开。其实在这场交易中，价格是双方最关心的问题，对于客户来说，我要用最低的价格买一个质量最好的产品。对于销售人员来说，希望这件产品能够以高价卖出，这样我就会拿到更多的奖金，这是他们双方最终的目的，有经验的销售人员将这个问题引开避而不谈，自然有他们的道理。

在你去逛超市的时候，你看见了一个很漂亮的杯子，一看价格888美元，这时你肯定在想：“一个破杯子，就卖888美元，买它？除非我疯了！”因此，你肯定不会买它。然而，当你再往前面走一点的时候，看见一个推销员拿着刚才你看见的那个杯子在那里说个不停，你觉得很好奇，于是你走了过去。只听这个推销员说：“我手里拿着的这个杯子是由高密度的钻石组成的，每一部分都是人工打造，在这个世界上只有4对8个……”听了这样的介绍，你还会觉得它贵吗？你觉得买这个东西值吗？最起码你现在了解了这个产品，它为什么这么贵，它能够很大程度地满足你的面子，而且捧着它就好像捧着一堆钻石。如果我们把顺序换过来，首先听到的是这个产品能给你解决的问题，最后看到的才是价格，那么相信你会为之心动的，这也许是现在很多电视购物流行的原因之一。

同样的道理，在你的开场白中，首先以客户为中心建立你们之间的关系，给产品的价格作一个充分的铺垫，让客户认同你和你的产品，在客户觉得你的产品非常值的情况下，然后再开口“向客户要钱”。尤其在一些比较大的生意或者周期性比较长的生意当中，更需要注意这一点，因为在这些大生意当中，他们的决策和认同往往需要很长的时间，你必须以解决客户问题为中心开始你们的会谈，尽可能在很短的时间内完成一个有效的开场白，以30秒为宜，减少占用对方的时间，在对方对你的产品有了一定的认可之后，再谈商品的价格。

别让客户控制你们之间的谈话

在你的开场白中，可能有时候你会觉得，怎么不知不觉地让对方控制了你们的谈话，如果是这样的话，那么说明你还不是一个很有经验的销售人员。你在你的开场白中出现了一些错误，过早地表述了你的利益，以至于让对方掌握了主动权，这对于你来说是一个非常不好的事情。

在销售的过程中，主动权的掌握对于一个销售人员来说是至关重要的。如果在你的开场白中，就让对方掌握了主动权，那么在接下去销售的过程中，对你将是非常不利的。在开场白中让对方控制这次谈话的主要原因是太过于表述自己的利益，在你陈述自己利益的同时，你就给了对方提问题继而控制这次谈话的机会，这样会很大程度地打乱你的计划，很容易让你跟着客户的思维去想一些问题。

很多研究表明，一个好的开场白的目的是赢得客户的同意，创造给你提问题的机会，让你更深层次地去了解客户。而在很多销售人员的开场白当中，他们往往给了客户提问的机会，继而让客户控制了谈话的主动权。比如下面这个例子。

销售人员："你好安迪先生，我是某某公司的业务员，我们有一种产品非常适合您，请允许我给您介绍一下……我想不会占用您太多的时间的。”

客户：“好吧，不过，你尽可能快一些，我的时间的确很紧。”

销售人员：“我们公司的这个产品采用的是世界上最先进的技术，价格也是最优惠的，在全国的销量已经非常的大，而且售后服务是非常完美的……”

客户：“哦，等等，你们的产品在哪方面先进呢？售后是怎样的完美呢？价格有多优惠呢？”

销售人员：“我们的产品是……，售后有……”

客户：“那我觉得像你们这样的技术在很多的产品上都有应用，而且售后跟其他产品的售后没有什么太大的区别嘛！至于价格我觉得也不是很优惠啊？”

……

像这样的开场白，如果再继续下去就没有什么意思了，因为销售人员的一个开场白已经被客户引导到了谈论产品的技术应用和售后完美的争辩上去了，这完全让客户控制了这次的开场白，失去了一个销售开场白的意义。如果再继续谈论下去，那么面对客户的问题，如果你不是特别的优秀，这样被动的局面你将很难扭转。销售人员要首先以解决客户的问题为中心，引起客户的兴趣。然后制造给客户提问题的权利，继而掌握主动权。

销售人员：“安迪先生，你的办公室真阔气啊！”

客户：“过奖了！你是？”

销售人员：“我是某某公司的销售人员，我们公司有一个新产品，能够为您省掉很大一部分的开支。”

客户：“是吗？那你不妨介绍一下？”

销售人员：“您现在使用的这个设备面临的最大问题是什么？”

客户：“这个设备让我在人员上有很大的浪费……”

销售人员：“这确实是一个很大的问题，想象这样一年算下来也不是一笔小数目啊！我想我们的这个产品一定能够解决您的问题。”

……

这样的开场白始终是以解决问题为中心，而且在开场白中我们就制造了想让客户提问题的权利，这样我们就拥有了主动权，在以后的价格等各个方面的会谈中，建立了一个良好的优势。

9 要让别人知道“你为什么会站在这里跟我讲话”

我们现在讨论一个看似很简单的问题，在你和客户开始你的开场白之前，你知道你为什么会和客户开始这次谈话吗？你会肯定地回答：“当然是为了销售我的产品啊！”

当然，销售产品是你的最终目的，但是对于客户来说，这不是他们想要的答案，他们关心的不是你的产品是否能够销售出去，而是你的产品能够解决他什么样的问题，能够给他创造什么样的价值，这才是客户真正需要的。

而作为一个优秀的销售人员，在你的开场白中，你要让客户知道：“你为什么会站在这里跟我讲话？”而且这个答案必须是客户关心的。

在很多销售人员的开场白中，他们有时候说了大半天，客户却不知道他们在表达什么，即使是客户听出来了他们所要表达的内容，但却不是客户所关心的。这样的开场白无论如何都是失败的。

如果你去一家肯德基吃饭，这时过来一个服务员，向你介绍麦当劳有多么好吃！而在你确定没有走错地方之后，这位服务员还在向你推荐麦当劳新出的餐点，相比其他快餐店有什么优势，你会怎么想呢？这时你肯定会非常地反感，因为他们给你推荐的并不是你所需要的，所以也就无法解决你的问题。这样的例子看似很可笑，但是在很多的销售人员身上却经常发生，你端给客户一盘不喜欢吃的菜，而你却告诉他这非常的好吃，这是一个多么荒唐的事情啊！

所以在你开始开场白之前，首先你要去调查研究客户，明白客户需要的是什么，客户的真正问题出在哪里，你的产品是否能够帮助客户解决这些问题以及为客户创造价值，在你明白了这些问题之后，相信你的开场白会很清楚地告诉客户：“我为什么站在这里跟你说话。”而且这将是非常有效的。

“客户，我可以为你解决问题。”

IBM公司的副总裁曾经说过这样一句话：“我们卖的不是硬件，我们卖的是解决问题的方法。”这句话很好地诠释了销售这个行业的真谛，只有你设身处地地为客户着想，帮助客户解决问题，这才是一个完整意义上的销售。当然我们的销售也是基于客户问题的基础之上的，只有客户有问题才会引起我们的销售。

对于一个产品来说，客户对它的功能和特点并不是真正的感兴趣，他真正关心的是：你这个产品能够解决我什么样的问题，能给我带来什么样的好处。如果这两个问题你都不能很好地回答，那么即使你把产品说得再怎么好，客户也不会产生购买的欲望。

所以，对于一个销售人员来说，你的重点在于如何解决客户渴望的或隐藏的问题，只有去关心客户的问题，客户才会相信你，接受你并解决你的问题。

班森是一个大二的学生，家里比较穷，这年暑假班森准备找一个暑假工作，为自己挣点生活费。这天他和几个同学来到了人才市场找到了一个推销电脑的工作，他们想一定能够做好这个工作的。

之后的时间里，班森和他的同学们每天拿着电脑资料行走在大街上，见人就问：“需不需要配备电脑，我们的电脑很便宜的。”可是，效果不是很好，班森和他的几个同学工作了半个月，却连一台电脑都没有推销出去。班森的同学感觉到太困难了，于是他们陆续地都放弃回家了，由于离家比较远，所以班森决定继续做下去。

眼看就要开学了，这天班森还是一台电脑也没有推销出去。天马上就要黑了，突然下起了大雨，班森跑到公园的一个小亭子里面避雨，这时遇到了一个陌生人，由于无聊两人就聊了起来。

在聊天中得知，原来这个陌生人是一个刚刚失业的会计，由于自己不会使用电脑软件所以被老板开除了。

班森说：“如果你学会了电脑那不是就不会再失业了嘛！”

这个失业者说：“是啊！我也特别想学习电脑，可是我现在没有钱去买电脑啊！”

雨好像没有停的意思，班森和这个陌生人继续愉快地聊着天，班森接着说：“你的问题是，你现在必须要学会电脑，只有这样你才能过美好的日子。”

这位失业者说：“那你说我该怎么办呢？”

班森接着说：“你可以办分期付款啊，就比如说我们公司，就可以先付一部分金额，然后只要找一个担保人，便可以使用电脑了。等到你学会电脑，找到工作，有了收入，那么你就可以慢慢地还掉剩余的部分。”

这个失业者很高兴地说：“我想这是一个非常好的主意。”

就这样，班森卖掉了一台电脑。同时也让班森明白了，原来销售的秘密在于：把产品与客户的困难或不方便联系在一起，让客户感觉到需求，有了需求也就有了消费。

班森的销售成功了，就是因为班森在与客户沟通的过程中，了解到了客户急需解决的问题之后，班森想办法为客户解决问题，这样在客户问题解决的同时，自己也完成了销售。

可以肯定的是：班森在这次交易中真正懂得了销售的真谛。对于一个有经验的销售人员来说，他向客户不是销售产品，而是为客户提供可以省钱的方法，这对客户是非常重要的，客户关心的是自己的利益，“谁能让我以最少的付出获得最大的效益，我就与谁合作”，这是每一位客户，包括每一个普通人都有的心态。

试想一下，如果班森从一开始便把那名失业人员当做是客户，一见面便不断地向他介绍自己的产品，那么事情便会向另外一个方向发展：

（1）那名客户不会告诉班森自己是失业状态——因为每一个人都有虚荣心，没有谁会天天把失业两个字挂在嘴上。

（2）那名客户更加不会告诉班森自己是因为不会电脑而失业——向陌生人说自己因为“能力不足”而被解聘了，这样的话就更加说不出口了。

（3）那名客户不会告诉班森自己买不起电脑——失业，加上被解聘，有谁会再把自己空空的钱包也拿出来炫耀呢？

如果没有了这些信息，班森就走不进客户的心里，最终提出建议性的方案，达到解决客户难题，成功销售的目的。这就是开白场不同所导致的不同结果。

因此说，从客户的困难入手，解除了客户的心理防线，才能得到更多的可利用信息。

“客户，我可以为你创造价值。”

对于有些客户来说，他们在生产和运营上并没有太大的问题，或者目前基本上没有问题，这是不是他们就不需要我们的产品了呢？我们是不是就没有销售的机会了呢？

答案是否定的。他们不是没有问题，只是他们缺少发现问题的眼睛，任何一个企业在运营过程中都会存在或多或少的问题，只是有些问题被隐藏了而已。比如一家企业目前的运营状况非常良好，作为老板，他肯定想让他的企业规模能够更加壮大，创造出更多的价值，这就是客户的潜在问题，只要你的产品能够帮助客户解决这些潜在的问题，你的产品就能够销售给这家运营完美的企业。

在面对客户的时候，你需要把你的产品能够为客户创造的价值很好地融入到你的开场白中，让客户知道你的产品对他们的创造价值是最大的。比如：

在一次产品交流会上，有一位销售人员提出了这样一个问题：“我与对手公司的销售人员一起跟进一个客户。事实上，我要比他更早一个月就盯上了这个客户，并且做了接洽。对于这次交易我十分有信心，因为无论在产品对比上，价格、质量、销售政策和售后服务上都差不多，加上我较早接触客户，对客户的了解要比对手多。所以，几次沟通谈判过后，客户表示满意，并口头承诺下一步便可以签合同。然而，当我再次打电话给客户，预约签约时间时，他竟然告诉我已经和其他公司签订了合同……哦，上帝，我简直不敢相信这个事实，这让我感到太意外了……你们要知道，在整个过程中，我们的交谈都十分顺利……所以，我一直在想是哪个环节出了问题，而且直到现在我也没有找到答案……”

为什么客户会在中间突然变化呢？如果你是一个很有经验的销售人员，那么这样的事情在你的销售生涯中肯定出现过，也许你当时非常生气，你指责过埋怨过客户不讲信用等等，因为你的确在这个客户身上花费了很多的时间。

其实这是很正常的事情，一个商人，他最终的目的就是以最少的付出获取最大的利益。发生这样的事情一般有下面几个原因：第一，对于客户来说，对方的条件更加优惠，能够以最小的付出而获得更多的利益；第二，对方给了客户足够多的附加值，这些附加值促使客户作出了改变；第三，对手给了你无法给予的东西；第四，客户比较重视的人影响了客户的决定。

从这四个方面讲，对方改变决定的原因，并不是你的产品不能给客户创造一定的价值，而是你的产品除了价值之外的东西太少，我们称之为附加值。比如售后完善的细节，产品在出现问题之后，你可以在12小时内赶到现场，但是对手承诺在6小时之内就可以赶到现场，显然对方的附加值要比你高。像这些类似的问题可能是你无法控制的，但是我们在工作之余是否考虑过这样一个问题：一个销售人员存在的价值是什么？我们不妨先看一个故事。

巴伦是一个很出名的修车工，生意一直都非常好，每天都有很多人开着车来到他这里维修。

巴伦周围也有很多的修车者，相比之下，他们的生意就不是太乐观了。

周围的邻居都感到很是奇怪：为什么在同一个地方，相差却是这么的大呢？于是，有些竞争者就去观察巴伦是怎么修车的。

一天，巴伦接待了一个客户，当客户把车放下离开后，巴伦便用心地把车修好了。

偷偷观看的竞争者抱怨说：“我并没有发现上帝给了他多么高超的技术啊……”

然而，接下来的一幕让所有人都知道了原因——只见巴伦把修好的车仔仔细细地洗了一遍，然后还用毛巾擦得非常亮，看起来就跟新的一样……

也许你会问，这个例子与销售有关吗？

当然有关。巴伦与其他修车工一样，他们所销售的是自己的技术与信誉，当巴伦用自己的产品，也就是技术，将客户的车子修理好，客户结账便是完成了交易。而巴伦是一个出色的销售者，因为他懂得为客户提供一些额外的附加服务洗车，以此来提高自己的成交率。

很显然，巴伦所做的这一切是客户没有要求的，当然也不在修车的规定之内，但是巴伦却这样做了，这就是附加值，就是这些附加值让巴伦的生意越来越好。

有些销售者可能会这样认为：一个销售人员把产品卖给了客户，客户用我们的产品为他创造出了更多的效益和价值，也就是说销售人员为客户创造出了价值，这个是肯定的。但是一个优秀的销售人员需要做的并不止这些，因为这些是每一个销售人员都可以做到的，而且产品的价值是本身具有的。而你要战胜对方，你就需要为客户创造出产品之外有价值的东西，也就是附加价值，而你就是为创造出这些附加值而工作的。所以在你的开场白当中，所体现的并不只是你产品的价值，更重要的是你为客户创造出的产品附加值。

就拿巴伦的例子来说，客户之所以选择来巴伦这里修车，就是因为巴伦为客户创造了更多的价值。

所以，在你面对客户的时候，你要让客户知道，你所能做到的并不只是每一个销售人员都能够做到的，除了产品本身的价值，你还能为客户提供一些附加的价值。“我之所以站在这里跟您讲话，是因为我能够为您创造出更多的价值。”

10 你清楚什么是最有成效的开场白吗

什么是最为有效的开场白？这是每一个销售员都关心的问题，因为它是销售的开始，在整个销售过程中起着非常重要的作用。

人们都说“开门红”“一个好的开端是成功的开始”等，开场白在销售过程中其实就起着这样举足轻重的作用。

在见到客户之后，你是首先和客户进行寒暄拉近与客户的距离，还是自我介绍让客户了解你，或者是进行产品介绍推荐你的产品呢？

不管选择哪一种方法，你知道怎么样才能打动客户给客户留下好的印象吗？这才是问题的核心。在销售这个领域，很多人对开场白都有所研究，也都在试着找一种能够非常有效的开场白。

有的销售员无论面对什么样的客户都保持着一种模式的开场白，这显然是不对的，对于很多有经验的销售员，他们的开场白并不是恒久不变的，不同的环境、不同的客户他们会采用不同的开场白，这样的开场白往往能够打动客户，激发客户的好奇心，通常是最为有效的。

开场白是整个销售的开始，对于客户来说，就像他每天看到的早报上的标题，如果这个标题有深意、新颖，那么就能够引起他的好奇心，他肯定很想研究一下里面的内容。如果他看到这个标题很是普通，那么肯定会没有兴趣，尽管里面的内容非常的精彩，但他不会继续往下翻阅，因为他觉得别的事情可能会更加的有意义。

所以对于一个销售员的开场白是否有效，是否能够引起客户的注意，关系着整个销售的成败。那么，怎么样的开场白才算是一个有效的开场白呢？

“你觉得这个对你有用吗?”

开场白的方法很多，下面我们先看看这些引起客户兴趣的开场白：

第一，金钱。金钱对于每一个人都是充满诱惑力的，可能没有一个人会不对金钱感兴趣的。告诉客户如何省钱和赚钱，相信客户会非常感兴趣。把你的想法和计划告诉客户，“我已经为您做了一个很好的预算，这个预算能够帮助您提高您的生产价值，为您节省一大笔的开支”，当客户听到这样的话，一定会用百倍的专注力去听你下面的话，在你说出这些话之后，再拿出你的计划数据，用数字征服你的客户。

第二，真诚地“拍马屁”。什么叫真诚地“拍马屁”？大多数人的拍马屁给人的感觉都太过于虚伪，这让客户觉得，你是在忽悠自己，没有诚意。其实每个人都是喜欢听赞美自己的话，客户当然也是，但是你的赞美必须要把握好一个尺度，过分的赞美就成为拍马屁，而对客户真正有效的真诚地“拍马屁”，就是说，你说的这些话必须是真诚的，让客户觉得自己真的就是这样的，比如，杰克的做法就是一个很好的例子。

杰克是某电脑公司的一名推销员，这天，一个要好的朋友告诉他有一家网吧准备添置电脑，要他赶快过去，有生意当然是一件非常愉快的事情，他高兴地去拜访那位客户。

他刚走到这个负责人的门口就听见里面在说话：

“查理先生，您的办公室真漂亮啊！像您这样高层次的人就适合用我们的产品。”

杰克听出这是一个销售员在和负责人说话，但是查理先生好像对这样的谈话并不感兴趣，只是有一句没一句地应付着这个销售员，不一会儿这个销售员就出来了。

在刚才和查理先生的谈话中，杰克很快就听明白了这位销售员的问题所在。

杰克走进了办公室，在寒暄了几句之后，杰克盯着一个花盆说：

“查理先生，您可真是有品位啊！我朋友那里有一个和您一模一样的花盆，我朋友叫ＸＸ，是全城最有名的花匠，他视那盆花为自己的宝贝，没想到查理先生您也是这方面的专家啊……”

查理先生很有兴趣地说：“这盆花是我花了2 000美元才竞拍到的……”几句话之后杰克就和查理先生无话不谈了……

杰克的开场白是成功的，因为他让查理先生感觉到了真诚，不管杰克先生说的是不是真的，最起码查理先生对这个非常的感兴趣，这就是非常有效的。

第三，让你的产品自己介绍自己。在一些比较直观的生意中，有时候你可以直接拿出你的产品，比如产品奇特外观、先进的特性等，从而引起客户的注意。比如我们有时候可能会看到，在大街上，有一个人站在一个塑料盆子上在使劲地踩，旁边围了很多的人，这个人在做什么呢？这个人就是一个推销员，他在卖他的盆子，他站在盆子上使劲地踩，是为了让客户知道他的盆子是如何的结实，你用了我的盆子是如何的超值，这样的做法当然会引起很多人的兴趣，也是一个很典型的开场白。

第四，涉及与对方有关系的第三人。如果你在销售行业做的时间已经很长了，那么，在你的开场白中肯定会有这样的话语：“您好，我是您的好朋友某某先生介绍过来的，他说我能够帮助您解决您的问题。”这样的开场白往往都是很有效的，从心理学的角度上来讲，在大多数人的心目中都有一种互惠的心理，这个人可能曾经帮助过他，或者说和他有一些生意上的关系，他必须和第三方保持良好的关系，所以他必须给第三方面子，很多客户遇见这样的销售人员都会非常客气，当然这样的开场白也是非常有效的开场白之一。

第五，好奇心。好奇心是每一个人都有的，每个人对于那些不熟悉、不了解、不懂的、不知道的东西都会有一种好奇的心理，而对于销售人员来说有时候可以利用客户的这一心理，从而引起客户对你产品的兴趣。比如：

当你去一个总经理的办公室推销你的产品的时候，你可以说：“亲爱的某某先生，我觉得你的公司有很大的问题。”

当客户听到这样的话的时候，他会想：“我的公司运营得这样的好，怎么会有问题呢?”

对于有些比较谨慎的老板肯定会想：“难道真的有问题，我没有看出来?”

这时客户会产生一种好奇的心理，他会很想知道其中的原因。这样你可以根据你看到的问题告诉对方，你的产品能够解决这样的问题。

对于以上这些开场白的方法，我们并不能把它完整地运用到每一个客户的身上，前面谈过，客户的性格、环境等因素，在一定的时候影响着这些开场白的效果。所以在使用这些开场白的过程中我们还需因人因地因环境而宜。

你所应该注意到的问题

经过一些调查显示，对于以上开场白的形式，在一些小生意上可能比较有用，但是在一些比较大的生意或者周期性比较长的生意来说可能并不是很实用，因为在一些比较大的生意中，客户不会花一部分时间去听一些不痛不痒的开场白，他们更加注重的是效率！

对于这些客户来说，他们遇到过的销售人员非常多，在处理这些问题上非常有经验，如果销售人员仅以上面的方法作为开场白的话，会让客户觉得你很没有诚意，对你的目的产生怀疑，或者他们会觉得你说的这些是在浪费自己的时间。所以在你准备去拜访一个客户之前，首先要对你的客户有所了解，当然你了解得越多将对你的开场白越有帮助。下面我们分析一下开场白中需要注意到的问题：

第一，你的开场白需要有趣，具有一定的诱惑力，在第一时间就激发客户的兴趣，让客户有想进一步了解的欲望。如果你做到了这一点，那么你的开场白就是一个有效的开场白，这样的开场白无论在大生意还是在一些小生意上都是非常实用的。

第二，在一些大的生意中，如果你的开场白苍白无力，并且很是繁琐，那么就会容易引起客户的反感。比如在你向对方介绍了自己与自己的公司之后，你想从客户那里了解他的爱好兴趣，然后你们又谈起了你们的兴趣，他们家的花为什么会突然凋谢……这样的开场白在一些比较小的生意中可能非常的有用，这样能够增进你和客户的感情，拉近你和客户之间的距离，更容易促进交易的成功。

但是在一些大的生意中，你这样的做法可能还会起到相反的作用，对于一些大人物或者总经理来说，他们的时间就是金钱，你与他们聊天就等于是浪费他们的金钱，所以你在面对这些客户的时候，你必须要简洁、直接进入生意的正题，尽量避免占用他们的时间和他们闲聊，这样对方会觉得你也是一个非常高效的人，对你们的交易将会起到很大的帮助。

第三，不要过早地涉及到价格。也许在一些小的生意中，你在开场白中很早地谈到彼此的利益是非常正常的一件事，可是在一些大的生意当中，如果你过早地谈到你们之间的利益，容易使对方产生异议，因为在一些大的生意中，他们最关心的并不是你的产品的价格，他们真正关心的是你的产品带给他们的价值，为他们创造的效益。比如：

一个全球连锁超市的采购经理，你去向他推销一种货架，在你的开场白中你就不能说："我们的货架是最优惠的货架，您用了我们的货架会为您节省很多的资金。"

尽管这些也是这个客户所关心的问题，但不是他们最关心的。他们是一个全球的连锁超市，品牌和实力应该说都是相当的雄厚，他们关注的是你这个货架会对来超市的消费者产生什么样的效果，能够为他带来多少消费者。

所以面对这样的客户，应该把开场白的重点放在为客户创造效益价值上，开发客户真正的需求，而不是一味地陈述自己的利益。

第四，灵活应用。有经验的销售人员，他们的开场白并不是一成不变的。如果你是跟着老销售人员成长起来的，那么你就会发现，他们在面对不同客户的时候开场白都不一样，而且就连说话的语气也不一样。你可能很奇怪：“这个人是不是双重人呢?”

其实，你所看到的这一切，正是一个销售人员经验的体现。因为在你和不同的客户面谈的时候，由于客户性格、氛围环境、个人素质的不同，你需要调整出最有效的开场白。比如有的客户性格比较外向，这时你就可以和他开一些适度的玩笑，拉近你们的距离；有的客户性格比较内向，这时你就需要用一颗很真诚的心打动他们；有的客户的职业素质和文化素养都比较好，那么你就要更加注重你的谈吐、举止和产品的专业化等。

开场白是销售的一个基础，面对不同的客户，需要灵活应用开场白，让每一位客户都能够接受你的开场白，为了给客户留下一个好的印象，为最终销售作一个很好的铺垫。

第五，注重问题。不管你的开场白是否精彩，其中一定需要涉及的是客户的问题，因为客户产生购买的行为主要是问题的产生或者需要解决一些问题。比如你去买泡面，这是为了解决饥饿这个问题，客户需要买一部汽车，因为客户意识到，这样可提高自己的工作效率。如果我们首先找出了客户现在所存在的问题，而且在开场白中，就把这些问题清晰地表达给客户，或者进一步加深客户对问题的严重性认识，那么，客户就会产生一种购买的欲望，当有一天客户觉得这样的问题实在无法忍受的时候，那么他就会产生购买行为。所以，如果你在开场白中能够发现客户的问题，然后在交谈中将这些问题涉及到，对你交易的成功将会产生很好的效果。

开场白可以是多种多样的，可以有很多的形式，你可以根据客户的性格、面谈的环境等因素随机应变，选择最适合于客户的开场白，但是无论怎样变化，都不能离开其中的一个宗旨，那就是要引起对方的兴趣。你的目的是向客户推销你的产品，激发客户的购买欲望。所以如果在开场白中你能够占取主动位置，把握主动权，继而能够引导客户的思维，那么你的这个开场白就是一个有效的开场白。

11 说话像打靶，说在点子上最重要

在销售的过程中，我们会发现很多的销售员非常能说，能言善辩、舌如弹簧，如滔滔江水绵绵不断，可是最后，还是没有能够打动客户，引起客户的兴趣。相反，那些性格内向，说话较少的人却激发了客户的兴趣，最后成交，这是为什么呢？

销售就需要和客户进行沟通，沟通就离不开语言，而是否能够激发客户的兴趣并不在于你是否能说，关键在于你是否能够说在点子上，就像是打靶，你打了10枪，却都是脱靶，而对手只打了一枪就命中靶心，也就是说你的一枪还不如对手的一枪，这就是区别，所以说话不在多，而在于准。

在与客户进行交流的过程中，如果你的语言表达得足够准确和适当，那么，对方就如同看见一颗璀璨的宝石，能足够的吸引对方的眼球，而如果你说的全是一些客户不感兴趣甚至是不痛不痒的言语，不仅不会引起客户的兴趣，还有可能让客户感觉到反感，继而，你与客户的交流也就无法再继续进行。

要知道，大多数客户的时间都是非常宝贵的，你多说一句没有实际意义的话就可能降低客户和你交谈的耐心，尤其是对于一些大客户是最为明显的，所以，在向客户表达你的意思的时候，想好了再说，让每一句话都起到实际的作用，这才是最为高效的沟通。

你为什么会打偏

很多的销售人员在遭到客户的屡次拒绝之后，经过寻找原因，

知道自己是由于说话方式的原因而丢失了这些客户，但是他们觉得改变自己的说话方式实在太难了，因此便出现了“可能是自己不太适合做销售吧”等等一系列消极的想法。

的确，懂得一门说话的艺术是一件非常困难的事情，但还是可以改变的。比如宴会上，有的朋友说“我不会喝酒”，其实不是这样的，每个人都会喝酒，只是有的人喝得多，有的人喝得少罢了。其实面对客户的时候也是一样，不是你不会说话，不能够打动客户，关键的是你没有找到“靶心”，或者你说话的时机不对，没有把握好客户的心态，激发不了客户的兴趣。

在开场白中，你的话说得是否准确，是进一步发展客户关系的关键。这就要求销售人员在和客户的交谈中，要恰到好处地把握好语言的运用技巧，能够把自己的意思准确巧妙地表达给客户，让客户觉得，你说的每一句话都是他最需要、最喜欢的话。如果你觉得你有些话能够促进你和客户之间的关系，能够促进交易的成功，那么，就把这些话勇敢地告诉客户，相信会有意想不到的效果。

我们现在都知道，在一些大生意当中，客户的效率是相当高的，我们在和这样的客户谈话的时候，要更加重视技巧的使用，面对这样的客户，销售人员要简明扼要地直接进入主题，也许在一些生意中，这样的方法不是很好，但是在你面对大客户的时候，这样做绝对是没有错的，也许你可能会怀疑，如果就这样进入主题的话，客户会不会理解你的意思。请不要怀疑客户的理解能力，尤其是在一些大生意中，客户的理解能力绝对不亚于你。有的销售人员在开场白中把一切都介绍完之后，觉得没有什么可说的了，于是又回到了原点围绕之前的话题说个不停，这就让客户很不耐烦。

尼克是一个造纸企业的业务员，之前他在一个工厂上班，前段时间刚被朋友介绍到这里工作。他的工作是把自己企业的产品推销给各个大小型的超市，让自己的产品摆放在这些超市的货架上面。

这天他跟着他的同事来到了一家刚刚开业的小型超市，想学学同事是怎么样对待客户的。很快他们就找到了负责人，一见面，同事就说：“您的生意真好啊！我从来都没有见过这么火爆的生意！”

客户说：“谢谢啊！刚刚开业，价格都比较优惠。”

紧接着同事介绍了自己，并和客户聊了一会儿，同事和客户就像熟人一样和客户聊了起来。最后同事说：“相信您的货架上有了我们的产品会让您的生意更加的好！”就这样同事和客户很快签了一笔单子。

尼克想：“原来销售是这样的容易啊！”

第二天尼克开始了自己跑业务的旅程，他走到一个繁华的街道，发现有一家大型的连锁超市，于是他就走了进去，心想，按照同事的方法，如果这一单生意做成的话，同事肯定会另眼看他的。很快尼克找到了这个超市的负责人，尼克来到了办公室看到这个客户正在忙忙碌碌地整理一些文件，尼克按照同事的方法就说：“生意真火爆啊！从来没有见过这么好的生意。”客户显得有点莫名其妙，顿了顿说：“请坐吧，你是？”尼克介绍了自己，并准备和客户聊天，可是客户好像并不是很关心这样的话题，没等尼克把最后一句话说完，客户就说：“你看我现在很忙，要不我们改天再聊怎么样？”尼克听到客户这样的话，也就不好再说什么了，和客户告别走出了超市。

尼克的这次销售失败了，我们来分析其原因，首先尼克的表达出现了一定的错误，在小的生意和大的生意中客户关心的重点不同，按照小生意中的开场白去对待比较大的生意，显然这样的表达是错误的，话没有说到点子上，客户就不能被打动，最终导致交易的失败。所以与客户谈话的过程中，我们要特别注意以下几点：

第一，清晰而简洁。面对不同的客户，你的语言表达必须是清晰而简洁的，这样面对一些比较高效的客户，会特别得到欣赏。

第二，具有一定的说服力。避免说一些与主题无关的话，你的每一句话对于对方来说都必须有极大的说服力，你说的就是客户所需要的，让客户深信你的产品可以为他带来效益。

第三，富有感情色彩。在谈话中，用你很有层次感的语言更能够感染对方。

如果你能够驾驭你的说话艺术，那么你在面对客户的时候，就能够很准确地将对方想听的说给对方听，你肯定会成为一名出色的销售人员。

看准了再开枪

在一些销售人员和客户谈话的过程中，经常会有这样一些情况发生，就是销售人员给客户所说的话，等回过头来再去想的时候，自己也不知道为什么当初会这样说。如果这次销售成功了，那么你之前的开场白肯定是经验告诉你该怎么说，如果这次销售失败了，而且就是失败在开场白中的话，那么你的开场白完全是一种说话的习惯或者说太过于心急，在你和客户交谈的过程中完全没有考虑到客户的因素。

前面谈过，每个客户的性格都各不相同，在你和客户说每一句的时候，首先要自己考虑一下，自己问一下自己，说出这句话之后对客户有什么影响？是不是客户所关心的问题？会不会损害你们这次的谈话？不要在不经过思考的情况下就把自己的观点说出来，这样对于对方来说，不是一件很礼貌的事情，对于你的业绩也没有好处。

管好自己的嘴，用好自己的嘴，这是一个优秀销售人员的基本前提，而要做好这一点就要在你开口之前学会思考。一次成功的谈话是你和客户关系的润滑剂，如果你的语言把握得准确，就会朝着你预期的目标方向发展。

要做到这一切，我们需要的就是思考，想好了再说，想好了再出手。

有的销售人员在面对一些比较大的客户的时候，不免会有些激动，遇到一些意想不到的问题的时候就会显得有点慌乱，这时说话就没有了层次感和逻辑性，而导致谈话的失败。

所以，很多成功人士在他们情绪波动比较大的时候，他们都不会处理事情的，因为他们知道这个时候去处理事情是最容易出错的时候。谈话也是一样，在你面对客户的时候，很多问题都是不能够预料到，在你的开场白中出现一些你意想不到的问题其实是一件很平常的事情，最重要的是你能不能够镇静地思考，能够控制你自己的情绪，如果你能做到，那么面对什么样的客户你都能够应付自如，否则，你就会导致严重的错误，由于你的情绪激动而无法控制你的语言，这样不但说不到点子上，而且还会导致订单的丢失。

有这样一个汽车销售店的销售人员，在公司他是出了名的能说会道，不管是谁他都能够和对方说很长时间的话，同事们很风趣地都叫他“快嘴”。

但是虽然他很能说会道，但是销量却一直不是很好，这是为什么呢？销售经理感到很好奇，于是就仔细观察了这位“快嘴”。

有一天，店里来了一个客户，“快嘴”接待了这个客户。从客户一进展厅的门，“快嘴”就开始对客户说个不停，他们大概谈了有1个小时的时间，客户准备起身要走了，在客户出了展厅门之后，“快嘴”还在对客户说个不停。

经理发现，在这1个小时当中，大多数时间都是由这个销售人员在说话，客户只是时不时地插上一句话，而且这位“快嘴”说的很多话都不是问题的重点，都不是客户关心的话题。

销售经理终于明白了虽然“快嘴”很能说，但业绩一直不好的原因。

有时候能说不如会说，这位“快嘴”的失败就是能说却不会说，只是按照自己的思维去说，没有考虑到客户的因素，缺少思考。虽然有的销售人员非常能说，但是却说不到点子上。

就好比一个律师，如果你说的证词不够充分，不能够直指整个案子的重点，那么再怎么能说到最后可能都会败诉，而一个优秀的律师无需说很多，在一两句话中就能够见分晓。同样，面对一个不怎么爱表达的客户，他可能还不是完全了解你的产品对自己有什么好处，如果你能够在有效的时间把客户不完全了解的这些东西讲给客户听，那么，客户就会很愿意接受你的产品。

第三章

他究竟是喝可乐、咖啡还是葡萄酒（挖掘、澄清客户需求）

如果你是清晨起来靠烤面包而赚取第一桶金，你首先要了解的不是：我的面包烤得好吗？会有哪个伙计喜欢品尝吗？它闻起来很甜美吗？是不是应该把店设在人群最多的地方呢？而是要知道，在这个地方有多少人清早起来，愿意享受一块面包带来的美好。

手中抓住了一把食物，毕竟比你手中什么都没有的情况要好得多，了解了人们的需求，即使这个地方居住的人比较少，但至少，要比你没有目标地把店设在大街上要强得多，因为你并不知道这里的居民是喜欢你的面包还是对面面食店的三明治，这对于一个卖面包的人来说，至少已经走在了成功的路上，因为，他知道，这里的人们是喜欢他的面包的，这是这里居民的需求。

了解当地的居民喜不喜欢面包，是销售中必须弄清楚的事情，如果，他对于面包没有丝毫的兴趣，那么，无论你怎样绞尽脑汁地描绘你所烤制的面包的美妙，他也不会多看一眼；如果他爱面包，或许他本来不打算吃你做的面包，而你的一番解说，他或许就愿意品尝一下你手中面包的味道。

了解客户的需求，就是对下一步的成功推销的前期准备，他喜欢这一类商品，你的就是其中，你就会有推销出去的机会；他对此类商品没有任何兴趣，抓紧时间寻找你的下一位上帝吧，因为他根本就不会仔细听你所说的任何一句话，更不会仔细打量你的商品。

12 了解他有什么，还缺什么

朋友手中拿有一片面包，你如果还问他是否要再来一块的话，他心中肯定会暗暗地想，“这家伙是不是脑袋有问题呀，我明明有面包了，还这么问……”，然而，如果你明智地递上一杯牛奶，拿来一瓶果酱的话，他一定会认为你真的不愧是他的好朋友，知道他“心底”的需求……

客户手中抱着一瓶红酒，就不要再给他“红酒”，而给他一支杯子，或许，他会欣然接受，这就是推销。了解客户拥有了什么，还缺少什么，对于他所拥有的就不用再多费唇舌进行推销了，而对其缺少的东西，你进行恰到好处的说明，他即使不会买，但他至少不会去反感。

了解他有什么，还缺少什么，对于一个销售人员而言，是一个再重要不过的事情。有了缺口，才会有填补缺口的机会，这样，才会明确下一步如何走。

喝咖啡，还是来杯茶

无论什么时候，面对朋友还是客户，人们常挂在口中的一句话就是，“嗨，伙计，是来杯咖啡，还是茶或者其他的饮料?”先了解了对方的需求，才能共度接下来畅谈一下午的时光。

只有了解了每一位客户是想“喝茶”还是想喝“咖啡”，这样对于推销的下一步进行才会大大有利。

比如，客户一进门，可大致判断出客户的身份，根据他们的服饰、发型、气质的不同，判断出不同客户的购买力，对于客户是有意购买还是随便看看也要有一个大概的判断，以及是为自己选购还是为他人选购，有无选购此类商品的经验等的判断都是一位优秀推销人员应该具有的职业素质。

一天，杰瑞被有孕在身的妻子叫到市场里选购水果，而市场中3个商家的不同收益可以让我们看出其中不同的推销魅力。

在一摊位前，琼正在高声叫喊，为使自己的商品尽快找到买主，"伙计们都来看看，多么新鲜的水果，你看着都会满口食欲，不是吗？……"琼这样说着，杰瑞走到他面前问道："嗨，伙计，苹果看起来不错，不知道怎么样？"

琼不以为然地说："看着它就会有立刻吃掉的欲望，产于本国西南部，充足的阳光照射，夜间的呼吸作用，足以使每个苹果都饱满甜美……"

"抱歉，琼，我是为我太太选苹果，她似乎对于甜苹果不太感兴趣……"杰瑞说着转向另一个商铺。

琼一脸迷惑着。

"嗨，看，我这里的水果进口的、国产的样样都有，新鲜、美味，为何不选点？"玛蒂这样说着。

"给我来点酸性的苹果。"

玛蒂说着，"您真是和这苹果有缘分，你尝尝，它们个个都酸酸的。"

杰瑞拿起一个苹果咬了一口，便买下了1千克。

接着到了露丝那里，而机敏的露丝并没有急着推销自己的商品，而是关心地问，“您很特别，别人都会挑大的、红的苹果，为什么您挑的都是这些怪家伙？”

杰瑞解释道：“妻子怀孕，我来挑些酸性的东西。”

“哇哦，您真是一个体贴妻子的好丈夫，您的妻子在您的细致关怀下肯定会母子健康，生下一位漂亮的宝宝，祝你好运……，孕妇还应该多补充一些维生素，这样母亲和宝宝才会更健康，猕猴桃含有很多维生素，被称为维生素C之王，特别有益于孕妇和宝宝的健康……”露丝说着。

杰瑞开心地笑着，想到妻子和宝宝就毫不犹豫地又买了些猕猴桃、一些苹果和其他的水果。

而且，此后每次杰瑞来到市场都会买些露丝销售的水果，两人也成了好朋友。

让杰瑞已经选购了苹果而又选购后者的猕猴桃和苹果，露丝的销售就是一种成功的推销。了解了客户拥有了什么，还缺少什么，才能挖掘客户内心的需求，来满足客户的需求。掌握主动来引导客户选购，无疑是一个最好的途径。

如果客户想要一杯咖啡，而你端来一杯茶的话，他或许会选择喝，而如果，你是拿来一杯红酒或者美味的蛋糕，对于客户来说都是不必要的选择，他也不会选择，所以，作为一名销售人员，你必须知道你的客户需要的是咖啡还是茶，这样，才好为他服务。

嘿！咖啡里少了点牛奶

你会不会遇到这样的情况：越是想满足客户的需求，客户却越不买单。你认为没有购买力的客户却在其他推销人员那里又买了一件商品，而这样的商品你卖的也有。在客户面前产生的迷茫，宛如一艘轮船在大海中航行时，突然失去了抵达彼岸的航标。

就好像，你看到同事没时间吃早餐，而是急急地在办公室里喝着咖啡吃着三明治，显然，他需要的是时间，如果这时你对他说工作中的事情，他不一定会腾出嘴应你一声，如果，你友好地问，咖啡里要不要来点糖，三明治要不要加点果酱的话，他或许会点点头，对你投以友好的微笑。

人都是矛盾的动物，对于自己的需求，有时候并不总是日出东方那样明朗，而一个销售人员要做的就是帮助客户去开发他的需求，发现他还缺少什么，让客户意识到缺少这种东西的弊端并及时推出一个弥补缺失的方案，对于销售人员而言是必须做到的事情。

一个月以来，没有什么推销业绩的米奇坐在公园的长凳上喝着咖啡享受着下午阳光带来的一点点安慰。

同时，不远处也坐着一个满脸乌云的中年人，穿着还算得体，手里拿着烟却由于在公园不被允许抽烟而在手中抖动着，不知道在愁什么。

“对于这次的数据错误，负责人员要谨慎处理，无论是银行电脑系统出现错误，还是工作人员在操作中导致的问题都必须有一个尽快的解决方案，不然客户就只能等待，每个小时我们损失掉的钱就够我们喝一年的咖啡了，倒霉的事情不能一直持续……”中年人拿出电话这样讲着。

听到这里，米奇感觉这是一个机会，一个可以将自己推销的高端电脑销售出去的机会，他还注意着这个中年人，他好像要在这里坐一阵子。

“嗨，老兄，愁苦着脸面对一下午的美好阳光，似乎太浪费了，看，阳光被乌云遮住也是暂时的，不是吗？”米奇说着，递上一杯咖啡。

“谢谢，不过，我想有一片一个人的午后时光，你还是去看自己的风景吧。”中年人不屑地说，露出一丝厌烦和不悦。

“其实，我刚才不小心听到了您的谈话，我认为系统问题的解决不是只让技术人员来修理一下就能解决的，要从根源上来解决这问题，不然，类似的问题必定会再次光顾您……”听米奇说到这里，中年人来了精神，两眼光亮地看着对面的小伙子。

“你说得有道理，这些问题确实给我带来很多麻烦而且银行也为此付出了很大的代价，不过，现在的电脑以及它配置的系统都大概相同，再换也只是徒增银行支出……”中年人再一次陷入苦闷中。

“由ＸＸ公司生产的，我们公司销售的此款电脑，无论是它的内部设施和系统配置以及它的运作速度都明显优于其他电脑，而且这种电脑的保护和安全系统都做得很精密，对于数据的保存与此前的电脑相比都有很大的优势，我想银行最重要的就是对于数据的保存吧……”米奇说着，中年人眼睛更加明亮起来。

“银行每个员工浪费一杯茶的时间为企业装上一个全新的安全的

设施，舍掉一个常出故障、影响客户时间、让您苦恼而且不能为企业创造出什么价值的设备，我想这样比您在这里浪费下午时光要快速有效吧。”说着米奇将自己准备的电脑资料拿到中年人手中。

可想而知，那个中年人肯定会让银行内部换成米奇推销的这种电脑，用他的电脑系统和其他配套设备，米奇也会从此打开一个银行业的市场，为更多银行提供更好的服务。

不要认为米奇的这次推销是一种偶然，很多偶然背后都有隐藏的必然。米奇能让银行的老板购买他所推销的商品就是一种成功，而成功的背后，帮助老板分析他缺少的内在东西，让老板欣然舍弃旧的选择新的。

善于发现每一个客户还缺少什么，利用这些缺口，让客户了解到这种缺口给自己带来的种种弊端，再来推销自己的商品，就好像，他端着一杯咖啡，你就要往里放一颗糖，让他喝到甜的滋味，感受到糖带来的美妙。

13 他想要的，你可以给得更多

销售不仅仅是满足客户的需求，客户说他需要什么你就给他提供什么，这种销售思维现在已经过时，取代此种思维的是挖掘客户的需求。

有些客户很明确自己的需求，有些客户对自己的需求模棱两可，甚至有的客户根本不知道自己有哪些需求，什么是销售？销售就是挖掘客户的需求，让客户使用我们的产品，帮助客户解决问题，这是我们最终的目标。

当客户告诉你他需要一块面包的时候，你给了他一块面包，这样你的销售就结束了吗？如果你认为是的，那么，你只是一个普通的销售员。一个优秀的销售员看到不仅仅是一块面包，他看到的还有客户更深层次的需求：

“难道你不希望来一杯牛奶吗？”

“你说的很对，这样会让我更加的舒服。”

这才是一个优秀销售员所应该做到的，能够看到客户的潜在需求，从而挖掘客户的潜在需求，给予客户更多的帮助，同时也给予自己更多的业绩。

这就是销售到深处的销售，对于客户的需求，要满足，然而，在很多时候，你可以给他更多，他也会接受得更多，那样的话，他会带给你更多的效益，为什么不做呢？

“我想要……”——这是再明显不过的需求了

“嗨，呃，我想要……我也不确定……”对于客户的犹豫不决，作为一位销售人员，你肯定也会犹豫不决，有顾虑是常有的事情，这时，你还应该帮助客户说出内心的需求，知道客户真正想要的商品。

“嗨，老兄，给我来两瓶果酱，要蕃茄口味的，谢谢。”面对这样的客户，如果你还在迟疑的话，多少会让人觉得你脑子出问题了。然而，满足客户的这种透明化的需求也是一件有技术含量的事情。

当在商场，你面对一位想买裤子的客户，既然，他都已经指定了所要物品的范围，那么，你所要做的，就是以最快的速度去满足他，不是吗？

“请问您想要什么尺寸的？”

“请问您喜欢什么样的颜色？”

“请问您想要几条？”

“您想要的是我拿的这条吗？”

就这样，跟着客户的思路一直往下走，他会满意地获得自己的商品，而你也会获得你这次销售的收益，因为，这位客户已经有很明确的需求了，他已经决定在你这里进行这次的消费了，你如果再有如下这些很愚蠢的行为的话，说不定他就离你而去，不会给你带来利益：

“哦，先生，您选的这件不适合您穿。”

“您所说的裤子类型没有您所要穿的尺寸，您再到别家去看看吧！”

“我感觉这种颜色您不适合。”

……

或许，只有蠢蛋才会这么做，把自己的客户让给别人，有时，对于客户选择的商品特别不合适的有必要对客户说明，但是，如果客户很满意他所挑选的商品，而你却说这不合适，那就有问题，这样，客户的心理会受到你的影响，不会觉得你是对他购买商品的忠告，而是真的觉得这件商品不适合他，那样的话，他就会离开你推销的商品，或许在另一家，在另一位销售人员的指导下，选择同样一件商品，而且还会特别满意。

这就是满足客户的既定需求，既然他已经有了明确的需求，客户就不会轻意地去改变他的需求，这时，你要做的，只有满足，没有其他套路可寻，也不要采用另类的方法，这样往往都是不明智的选择，不但会加大客户的不满，也不利于自己商品的销售，不会给自己带来收益，为什么要去干这样的愚蠢的事情呢？

90%的尊重客户的选择，10%发表自己的看法，如果你是一位非常有主见的人的话，或许，你可以去尝试从事另一项工作，因为，你的非常有主见，会让你不适合推销工作，过分地发表自己的看法，只会使客户的购买欲望发生动摇，这样，对你有什么好处呢？多一点顺从，少一点反对，事情往往会向最有利的方向发展。

以客户需求为饵明确更多需求

如果，客户要一个苹果，你就给他一个苹果的话，会不会显得你太服从，也没有了多余的利润所得，而高深睿智的推销人员却能让他的客户买10个、1袋、1筐甚至更多，这就是一种最为成功的销售，你认为呢？

可是，不是每一位销售人员都能做到这么成功的销售，在满足了客户的需求之后，怎么让客户有更多需求，进而来满足客户更多更大的需求，为自己带来更多的收益呢？不要不相信这种事情的真实性，或发生在自己身上的可能性，这样的事情随处都可以见到，邻家商场、你旁边的柜台销售人员、在街头叫卖的早点师傅或者卖菜的菜农，很多时候都会在满足客户既定需求的情况下，再挖掘更多的需求，然后再满足其更大的需求，给自己带来最大的收益，这样不是更好吗？

在一个公司，一名经理在询问他的助理，今天谁的业务进行得最少，谁拜访的客户最少的时候，助理说出了那个推销人员的名字，他一天就接待了一位客户，而当经理准备找那位推销人员谈话的时候，又想起再问今天谁为公司赢得的利益最多，助理再一次说出了那位推销人员的名字，这让经理颇为吃惊的同时也满脸疑惑，为了弄清楚这件事情，经理亲自找到那名推销人员。

“别的推销人员一天可以接触10来位客户，而你呢？一天却就接待了一位，但你却为公司赢得了可观的利润，这究竟是怎么一回事，我想你可以给我一个很好的解释，不是吗？”

“是的，因为我让我的那位客户买了一辆卡车，一只游艇，一顶帐篷，一支适合在深水中钓鱼的渔竿，以及等等钓鱼用具，所以，一天就为公司带来了50 000多美元的利润。”

“你是很有能力，让公司获得这么大的利益，那么，请问你是怎么做到这些的呢？”

“哦，呵呵，其实，做到这些并不是一件很难的事情，本来这位客户是来买一个渔钩的，我与他边喝咖啡边聊，他就买了其他很多，很简单的。”

“看来，你不愿意说出你的成功推销之道，是吗？”

“哦，不，先生，如果，你有兴趣知道的话，我会毫不犹豫地告诉你的。”

“那好，说说看。”

“那位先生本是来买渔钩，他刚从一家公司的高级主管退休，很喜欢钓鱼，于是，就来买一枚渔钩，在给他拿过一个渔钩之后，就开始了我们的聊天。”

“我问他喜欢在浅水还是深水中钓鱼，他说：深水。我说那样的话你还需要一支在深水中钓鱼的渔竿，然后，他选择了一支适合在深水中钓鱼的渔竿；他问我知不知道哪里的比较深，适合钓鱼，我告诉他某个湖很适合；我说在湖中央钓鱼会是一种很好的享受，建议他买一只游艇，然后他就选择了一只游艇；我接着说，他住的地方距离那个湖泊得3个小时左右的路程，他的车子很难载下那只游艇，结果，他又选择了一辆卡车；最后，我说在湖中的话，还需要一顶帐篷，他又选择了一顶帐篷……”

“仅仅是这么简单吗？就这样，你的客户就买了这些东西？”

“当然不是，其实，起主要作用的还是，他是一位非常热爱钓鱼的人，之所以会买下这么多东西，也是基于对钓鱼的无限热爱，想在最美好的心情下钓鱼，得知这些信息之后，在提供给他一枚小小的鱼钩之后，我就挖掘他深层次的需求，然后，在恰当的时候，就把他深层次的需求告诉给他，让他作出最后的衡量，这样，他为了满足他自己的最终需要，肯定会选择这些商品……”

“你讲的这些对于推销很有用，我会考虑你这个月额外的奖金的，当然，也会将你别致的推销方式推广出去的，让其他员工都能从你的推销之道中学习推销的策略，这对于公司发展将会是更大的财富。”

就这样，这位推销人员，在客户只要一枚小小的鱼钩的前提下，让客户意识到自己钓鱼还缺少这么多东西，也让客户为了满足自己最好的钓鱼享受，选择了这些商品，而且也没有丝毫为此感到多余，反而感到开心。

每一位推销人员都要吸取这些经验，对于客户的明确需求不能止步，要在满足他们现有的需求的时候，还要帮助客户发现他们深层次的需求，进而满足他们更多的需求，这样才是作为一名销售人员应该做的。对于客户的需求永远不能停留在表面！

14 最可怕的情况是：他不知道自己是多么的需要（暗示客户没考虑过的需要）

在销售中，让客户购买你的商品，通常客户的需求不是问题，问题是，客户不知道有多么需求这种商品。对于销售者而言，这既是一种坏现象也是一种好的暗示：坏就坏在，客户对于一种商品的需求度不高的时候，他往往不会去关注这种商品，也不会在意它最近有什么新款出来；而好的暗示就是，客户虽然不是迫切需求，但你可以让客户了解到他自己的潜在需求，让客户的需求度不断膨胀上升，以至于想要迫切买到某一商品。

就好像，我们平常打开冰箱，即使是拿蔬菜的时候也会随手抓一把零食放入口中，可能这时候我们不太需要零食，不过这已经成为了我们的习惯。作为一个销售人员，其实也需要有这样的习惯。

我很需要它吗我不知道

猫对于老鼠、人对于面包的渴望是什么都无法阻挡的，因为这是人和动物的生存之道。然而对于其他物品，显然没有这般的渴望热切，可实际上你是非常需要它的，只是你自己没有发觉而已，这是每个人都会出现的问题，这种情况出现虽然可怕，但都会有另一种途径来为之解决的。

到商场，你肯定会到处逛逛，而不只是在自己明确的商品区域里出现，而是还会在其他的地方闪现自己的身影，这就是一种自己对于自己的发现和购买的欲望，有时，自己会告诫自己需要的东西就是这么多，没必要再买别的了，可是，到最后还是会满载而归。如果你经常逛商场，那么这样的情况在你身上发生的概率肯定会非常多的。

我们经常会发现有些东西我们开始没有打算去购买，可是最后我们还是决定把它买了回来，并且发现这个东西对我们来说很有用。作为一名销售人员，发现客户对于自己选购物品存在的迷茫是很有利于将合适的商品推销给客户的，这样无论对于客户还是推销人员来说都是有利的。

在一个知名化妆品专柜前，一位年轻貌美的小姐正在为自己选购化妆用品，徘徊着不知该选哪一件好。

小姐还在走走看看，手中也拿有几件选好的化妆品。这时，一位衣着不显时尚但很有气质的女士走上前去，说："小姐，有什么可以帮到你的吗?"这就是在化妆品推销界小有名气的玛丽。

"哦，谢谢，我自己看看，毕竟自己的皮肤是靠自己保养，就像面包牛奶再怎么美味，最终还是要自己吃，不是吗?"显然，年轻小姐显得有一丝傲慢，不过，她确实很漂亮，玛丽注意到。

"皮肤感觉不太好吧，而且，脸色有点黄了，虽然，你用了粉底，但是这些细节还是可以看出来……"玛丽虽然看出被说中要害的小姐有点尴尬、不自在，但还是说出了她脸上存在的问题。

"哦，天哪，你怎么可以这样说你的客户，你会遭到投诉的……"小姐不满地说道。

“作为一名化妆品的销售者，如果我也像其他销售人员那样只对客户讲这块面包好吃却不讲客户需适应的问题，是不合格的，只有对每位客户讲出其身上存在的问题，用什么样的化妆品能得以改善，才能让客户信服并选择我们的商品。”玛丽这样说着。

年轻小姐张大了嘴，立刻对玛丽报以另一种态度，为她的职业操守感到佩服，说道：“我就是信赖这个品牌的护肤品，它们对我的皮肤有很大的帮助……”

“你所选择的这个品牌的粉底，它本身是很好的，这个品牌的化妆品也很不错，但是，你的油性皮肤不适合用这样的粉底，而且如果你再接着选用的话，会使你的皮肤起更多皱纹而且皮肤也不会再像以前那么细腻富有光泽，时间久了，你的皮肤会变得更黄而且会起更多斑点，而柔肤水只会让你的皮肤保持饱满有弹性但对于你脸上斑点不会有太大的改善，用久了脸上的斑点还会更加明显，那时候上帝也救不了你了，而如果你用了我们的这些化妆品就会减轻你的问题……”没等玛丽说完，那位小姐就再也等不下去要让玛丽给她介绍适合她用的化妆品、保养品了。

最终，那位小姐在玛丽的指引下选购了她所推销的化妆品，而且在走时还非常感激玛丽小姐。

让客户意识到他对于某种商品的需求度有多高，意识某商品对他的重要性往往是销售某一商品最好的办法。玛丽的成功就在于她敢大胆地讲出每一位客户自身存在的问题，以及客户的错误选择对自己造成的损害，来让客户意识到问题的重要性，并考虑另外种类的商品对于自己的帮助，到最后客户自己就会重新审视自己作出的选择了，也会认真地选购商品。

每一位销售人员也要像玛丽那样，无论怎样，最重要的是要让客户明白一种商品对于自己的需求以及自己有多么需要这种商品，这样才可能更加容易把商品推销给你的客户，也让客户从你这里得到满足，或许，一位客户还会为你带来一群客户，这就是一种最成功的推销。

这就是你寻找了很久的商品

你会对你的客户说，“这就是你应该选择的商品，你值得拥有它，它就是为了解决你的需求而存在的”等等，你会这样说吗？敢这样说吗？你有这样的自信吗？你了解客户对于一件商品的迫切需求吗？

很多时候，一个很执著的人面对一个很辛苦才找到的商品往往会说：“哦，上帝，终于让我找到你了，我要的就是你。”这种话都是从客户口中说出的，而作为一名销售人员，你敢用类似的话对你的客户说吗？“这就是专属于你的商品”，你如果敢这么对他说，即使他不会购买你销售的商品，至少你会让他明白，对于这件商品对他很合适，以及他对于这件商品是有多么的需要。

这样对你的客户说，他会觉得我花一杯咖啡的时间是值得的，买下这件商品的花费不是浪费。这也是麦克的成功之道。

比尔平时很喜欢去纽约的一家商场购物，原因很简单，只是因为那里有一位销售西服的人给他留下很深刻的印象，而那个西服的销售人员就是麦克。

在一次，比尔抱着闲逛的想法走进一家西装专卖店，麦克虽然看到了他，但是却没有马上像其他销售人员那样说："嗨，有什么帮得上您的，我帮您介绍……"之类的话，这样会吓着客户的，而且销售人员也会陷入被动的局面。

店里流淌着轻缓安逸的音乐，让比尔觉得很放松，看每件商品都像在欣赏一件件艺术品。麦克用余光打量着那位客户，是一位中年男人，虽然年轻不再，但满脸透露着睿智。

"先生，您真有眼光，这是意大利设计师的最新款服饰。"麦克说道，比尔品尝着手中的小杯咖啡，顺着麦克的手停留在一件西装上。

"是吗?"比尔回应一声。

"是在为自己挑选吗?"麦克慢步走到比尔身旁，显然，麦克问的问题很有深度，这样，客户不会随便一句就能应付，而且，这样问也不会增加客户的敏感度。

"是的!"客户对于这个问题随便搪塞了过去。

"哦，您是领导阶层的吧，您看起来显得很有主见。"不得不说麦克的这种出乎常规的思路会让客户觉得很新鲜，而且一点也不像是一般推销人员的推销之路。

"哇哦，你很有眼光。"比尔应道。

"其实，很多人都会有这样的烦恼，要挑一个自己喜欢，又合适自己的衣服都很难，再者，到处逛商店也是一件比较劳累的事情。"说到这里，比尔深深地点点头。

"我也是刚巧路过这里，你说得很有道理。"比尔说道。

"您准备在什么场合穿这套衣服?"

“我还没有考虑清楚，有什么区别吗?”

“那当然，就像每一道菜都有不一样的吃法，差一点就会有很大的区别。有位先生曾经买过5套西装，他的工作是外贸谈判，不同的场合对于衣服的颜色和款式的要求都是不一样的，这些对于谈判者也会有一些心理影响，从刚开始的一无所知，到双方合作意向达成，再到后期的交谈都是需要注意的，所以，每当客户来时，我都会挑个时机问客户从事什么工作，再作推荐，那么您是做什么工作的?”麦克平和地说着这一切，像是和老朋友聊天。

“我从事行政管理之类工作。”

“哦，是吗?怪不得一看到您就感觉您满身散发着睿智、阳刚之气，这款欧式的服饰就像是为您量身订做的一样，它也一直在等待这么一位合适的主人把它带走，您喜欢什么颜色呢?”

“深蓝色吧。”

“为何还不去试试它呢?把它放过，再浪费更多时间去逛其他的商店不一定会遇到这么合身得体的衣服，选衣服就像是交朋友，您放走了它的同时，它也会放走您，您再回来找时，它也已经不在，更何况，这款衣服正当流行，是不会愁买主的，为何不花一笔钱留下一位不可多得的朋友呢?”

面对这一番更像老朋友的劝说词，比尔慷慨地买下了这套西装，而且还选了两条漂亮的领带。

麦克这样卖出去一件衣服在人们看来并不算是成功，如果是卖出去100件、1 000件呢，会不会也是一种成功呢?

麦克的销售是有效的，以不过分的赞美与客户打交道为开始，再与客户拉近距离，然后，在适当的时候再说明商品与客户是完美

的结合，让客户意识到自己对于这件商品的需求和购买欲望，从而让客户愉快地购买自己喜欢的商品，而不是在一开始就给客户施加压力，问一些客户敏感的话题。

这样的销售，让客户感受到自己对于一件商品的需求，感觉某件商品就是为自己的到来而准备的，点燃客户对商品需求的热情，这是一种高明的销售，不过，值得注意的是如何巧妙运用销售的语言和所问的问题。

⑮ 当不满达到极致时，需求也就越来越明显了

在我们的日常生活中，中午12点我们吃完饭，我们觉得很饱很饱，到下午4点左右的时候，你可能会觉得有一点点的饿，到下午6点的时候，你会觉得真的饿了，自己该吃饭了，如果到了晚上你还没有吃饭，你会觉得你太需要食物了……

在销售中有时候就像我们吃饭一样，当你对有些问题越来越无法忍受的时候，你会觉得你的需求越来越明显，越来越需要解决这样的问题。而作为一位销售人员，如果要尽快把自己的商品销售出去，就要在客户有购买力的情况下，加强新旧产品的对比，让客户感受到原有的物品给自己带来的种种不便和给自己造成的损失，以及让客户进一步感受到新的商品给自己带来的种种好处，让客户对于自己物品的不满达到极致，产生非常强烈的购买欲望。

让客户感受到新商品带来的价值比旧物的价值都大

每个人面对新产品都会有一个逐渐过渡的心理反应。当您今天购得一辆宝贝爱车，驰骋在路上时，内心肯定是满足奔驰带来的快感，然而，当这种看似完美的状况变得不十分完美时，你就可能感觉到有少许的不满。当有一天，你再开着它在路上跑时，你发现汽车引擎盖下嘎嘎响声，车身到处可见的划痕，空调偶尔不制冷，这一切都让你开始对你的车感到不满。这些让你无法忍受的情况，可

能已经让你有了购买新车的计划。

很多人对于自己的车多少会存在一定的抱怨，但是，这些小问题都没有让他们在一个大的汽车展厅里，亲身感受新车带来的全新感觉那样直接，新车的种种优势，这就是最有实效的刺激。面对面的刺激，有了这样的刺激，客户即使当时没有购买新的商品，或者在明天或后天也会自己舍弃自己手中的旧物品。比如，在商场里，我们常见的，买新款手机的情景：

一客户来到商场手机专区，观看新款手机……

"嗨，先生，有什么可以帮助您的地方?"

"哦，很显然嘛，我来看看这里的新机器，再衡量我的老伙计是不是该在家休息啦。"

"那您是做什么工作的?"

"哦，跟职业有什么关系?"

"我想一定会有关系的，我们要根据您做什么工作为您选择一款适合你的手机。"

"是吗？我现在是出租车司机，不过，将来我肯定会有自己的司机，呵呵。"

"您浑身散发着幽默气息，麻烦您将您的手机借给我看一下，好吗?"

"好的，小姐，没问题。"

"哦！您的手机确实已经很旧了，我觉得你应该看一下我们的手机，您看看我手中拿的这款手机，非常的人性化，它拿捏方便、超长待机、抗摔性好、音响大、双屏感应、没有复杂功能，而且它内部的系统都会定期更新，先生，您可以感受一下，它给您带来的质感和优势，我相信它会比您现在的手机给您带来更多的方便……”

“我承认，你说的确实很有道理，不过，我感觉我的手机还能再用一阵，没必要换手机像换西装这样一天一套吧。”

“呵呵，您的手机能用到现在确实已经很不错了，相信您在买这个手机的时候一定很有眼光，不过以我的经验，它现在有时会自动关机；有时它柔软的声音使您根本听不到它在响；不小心掉到地上就会关机或者没有任何反应；一块电池还不能服务您一天的工作等等；而且这会严重影响到您的行车安全，相信这对您来说是不是非常不方便呢？”

“小姐，的确如此，很多次我在给老婆打电话的时候信号就被中断了，我还得再用公用电话与老婆联系，也出现过自动关机、死机的情况等等，对于我来说，这确实很不方便，我觉得我应该尝试一下你的手机，好的，我今天就买了吧……”

就这样，那位先生再也无法忍受他的旧手机给他造成的种种麻烦，不再犹豫地选择了新的更有优势的一部手机。

这样的情况就像我们每天看到人们早起喝咖啡一样常见，当我们无法忍受自己手机等物品给我们带来的种种不便时，就会有一种把它丢到垃圾桶再去购一款全新的物品的冲动，是的，谁都会这样。作为销售人员，当你看到客户漫步在商场看到新的商品与他的旧商品形成天壤之别的时候，且他在那里略有所思的时候，你就要让他深刻意识到，他的旧物存在的问题，最重要的是让他亲自感受新商品给他带来的价值会比他的旧物大，这样的话，相信他会非常地感兴趣。

加大客户对新旧物品的差别感受

诚然，就如上面所说的那样，如何加大客户对于新商品和自己旧物的差别感受呢？每一位销售人员成功地将自己的商品推销出去，绝大多数都是做到了这一点，让客户深刻感受到自己对于自己旧物品的不满，当你的诱导达到极致的时候，客户对于新商品的需求就会无限的膨胀，达到再也不能忍受时，就会选择你的商品。

销售人员面对客户的时候，对于自己推销的商品，不能只说它具有什么优势，如果一味地这样说，你的客户就会质疑或者认为你在夸大说明。让客户体验新商品的美妙，反面地说出客户旧物品给自己带来的麻烦，戳中客户心中的“要害”，再撒上一勺盐巴，“痛了”就会自觉离开自己的物品，选择新的产品。

可是，如果你一如既往地说客户或者客户的物品存在的缺陷，而不进行一点肯定的话，也会让客户感受到好像自己原来的选择一无是处似的，这样的话，客户也会离你远去，不会选择你的商品的。你不同的话语可能就是打动客户别致的推销辞，也会成为他选择你商品的法宝，就像马休对他的客户实行的出奇制胜的推销方法。

有个先生六七年来始终开着一辆车，未曾换过，因此有很多汽车推销人员都曾跟他接触过，可是，那位先生不会听从每位推销人员的话，而轻松地换一辆新车，好像他有自己的想法，或者，对于自己的那辆旧车特别有感情，不愿意将它抛弃，这让很多推销人员感到很苦恼，但还是有很多推销人员愿意花时间在他身上。

甲推销员说："您这种老爷车很容易发生车祸，不利于您的出行，而且也会给您带来很多麻烦。"当他听到这些话，沉默着，拿了一根烟，准备点燃却又放下，然后离开了。

乙推销员说："像这种老爷车，修理费相当可观。"这些话显然已经触怒了他，最后他固执地拒绝了。

有一天，老练的推销员马休来到他家拜访，马休同他聊了很多对方感兴趣的话题，显然，他们相处得很愉快，马休："您的那部车陪伴您很长时间了吧？"客户："是啊，已经有六七年了，不过最近老是出现一些小毛病。"马休："这是很正常的事情，前天我的一个朋友去野营，在路上出了一点小毛病，结果在路上耽误了一天。"客户："哦！这确实太糟糕了，看来我的确要换一辆车了！"……

第二天，这位客户找到了马休，买了一部新车。

是的，这就是马休的特别之处，他没有采用此前那些推销员的方法说服那位先生购买新车。显然，他已经意识到，那位先生对于自己车的不满已经达到极致，而如果此时，再一如既往地说出他的车子存在的问题，对他已经不起什么太大的作用，现在他处于一个迷茫的状态，而马休推销的话，让客户明显感受到了新产品和旧产品之间的差别，并把这个差别明确地呈现在了客户的面前。这让客户彻底作出了一个新的决定：购买一辆新的车子。

有时候，对于一个人而言，对一件商品的不满是逐渐积累的，或许，他也早已觉得他应该弄辆新车在手了，可是，你的再次反向轰炸对他已不起作用了，也许，还会给他带来一定的反感。而且人们都会有一种抵触心理，你越是介绍新的商品，客户越是不买单，这时，就应该改掉以往的说话风格，用另一种方式面对客户，他也会有反向决策，那样，他就可能成为你推销的商品的主人。

16 在提问中，不断明确客户的需求

商品有多种多样，客户也会有各种类型，面对不同的客户当然要像烹饪不同的菜肴一样采用不同的烹饪方法，这样才会达到最好的效果。

然而面对各种各样的商品，大多数客户都开始迷茫了，其实在很多的时候，客户在面对不同的产品时候，你还没有向客户一一介绍完，客户就已经眼花缭乱，陷入迷茫的境况，不知道自己要选择哪一种型号，不知道自己到底需要什么，这种情况就是对于销售人员的一个挑战。

其实当客户面对各种各样的产品的时候，在他心中已经有一个大概的尺寸，就像“我给我儿子挑选一件衣服”“我需要护肤用品”“我来看看车的配置零件”等等，都是客户向销售人员发射的一个个购物信号，看起来明确的需求实际是很模糊的，只有在销售人员的提问中，客户的需求才会更加明确，从而给他们最为准确无误的服务和商品。

让需求浮出水面

向客户提问题，是一个销售人员挖掘客户需求最好的方法，只有在各种各样的问题中客户才能够更加明确自己的需求，明白自己需要什么。让客户的需求浮出水面只有一个办法，就是不断地适宜地问客户问题，以获得下一个对于自己有利的信息，帮助客户得到自己想要的商品，也为自己赢得利益。

当你的客户说道“我想挑选一件衣服”，你会马上给他一件衣服

让他看看吗？当然不会，因为你要明确他需要的是什么样的衣服。这个看似很明确的需求也是那么的难以捉摸，还迟疑什么，你还要问你的客户，为谁选购，喜欢什么颜色，什么款式等等，你只有弄清楚这些问题，才会为他挑到一件合适的衣服，赢得他的满意。

在一家奶制品专卖店，里面有3个服务人员，汤姆、杰克和约翰。

每当客户走近汤姆时，汤姆总是面带微笑，主动问长问短，一会儿与客户谈论天气，一会儿聊聊孩子的现状，总之聊一些与买奶无关的事情，汤姆礼貌待客，对于客户购买奶制品起不了太大的帮助。

而杰克呢，采取另外一种方式，他说，“我能帮您吗?”“您要哪种牛奶?”“我们对长期客户是有优惠的，如果气温高于30℃，您可以天天来这里喝一杯免费的酸奶。您想参加这次活动吗?”杰克总是把商店里各种各样的活动以及有什么样的奶制品向每一位客户介绍清楚，对奶制品店的生意会产生一定程度的影响，但是效果不是很明显，因为，有时，很多客户就是没事出来闲逛，并不一定要买奶制品。

然而约翰的推销方式却总是能为商店带来很大的利润。约翰的方式更加成熟老练，他和每一位来到店里的客户都会谈论日常饮食需要。

“嗨，小姐，你看起来气色不错，最近在做什么运动呢?”

“哦，天哪，先生，您每天早上在跟着我吗? 我正在塑造美好身材。”

“不！不！当然不是，我猜的，您已经看起来很漂亮了，平时都喝些什么呢?”

“呵呵,谢谢,平日里,我大都喝些纯牛奶,可以补充很多营养嘛,不然,整日工作,早上吃点面包身体可会吃不消的,不过,现在做妈妈了,胖了,在减肥,所以就来看看其他的奶制品了……”

“哦,小姐请等我一下,我想我找到您所需要的奶制品了……”

在此之后,约翰还仔细给那位小姐讲这种奶制品的情况以及适合什么时候饮用,会给身体带来哪些好处……

每当有顾客走进店里的时候,约翰总是有耐心地询问顾客从事哪方面的工作,近来有怎样的兴趣爱好,身体状况怎样,喜欢喝什么奶,是含糖的还是不含糖的?也许您正是一位糖尿病人,也许您正在减肥?也许您要的是脱脂牛奶?在和客户的闲聊中,约翰总是能在所有的答案中找到顾客所需要的或者最适合的奶制品,当他觉得他需要的信息足够时,他总是会有礼貌地停止交谈,并为客户拿一种最适合的奶制品,而且告诉顾客如何才能在相对长的时间内保持奶的营养成分。

约翰很有耐心地做到这一点是很明智的,只靠假想、猜测、随意捕捉是很难真正抓住顾客需求的,只有像约翰这样和顾客交谈,不断地问顾客一些情况,才能在最短的时间内,以最快的途径获取顾客需求信息,满足顾客需求。

其实,约翰所做的事非常简单,日常生活中的每一位普通的销售人员都可以做到,但是,有的人做了,有的人没有做,有的人很习惯地对每一位顾客都采取这样的行动,有的人却做不到这一点。作为一名销售人员,如果没有很好地问顾客一些有价值的问题,那么就不能帮助顾客满足他的需求,你的服务就会让顾客感觉到不满,结果就是他当然不会选择你推销的商品。有时候一个销售人员的失败其实就是你以这种类似沉默的方式赶走了你的顾客，这样的销售人员就是一个愚蠢的销售人员。

要想做好一名销售人员，其实重要的一点就是，询问顾客问题。通过问顾客问题，逐渐缩小顾客的需求宽度，这样才能最终满足顾客的需求，自己获得收益。所以，问顾客问题，让需求逐渐浮出水面，也是有利于自己利益的一个手段。

缩小需求的宽度

一场化装舞会中，想要找到自己的舞伴，就要和他说话，看他的回答是不是你们之间约定的暗号，这样比较容易找到，不然，就得把所有的面具全部拿掉，才能知道哪张是朋友的面孔。

对于销售也是这样，如果客户的需求范围太广，你肯定不会十分明确客户到底想要哪种商品，你怎样给客户最为满意的服务或者商品呢？这对于销售人员而言就像在茫茫大海，找到一叶小舟那么困难。作为一名销售人员，你首先要做的就是不断地缩小需求的宽度，这样才能找到需求的核心，也就容易快速满足客户的需求，最重要的是，自己也获得利益，为什么不这样做呢？

对于销售商品或者服务，作为销售人员不能坐在家里喝着咖啡，看着报纸，想象客户需要什么样的产品，这样服务每一个客户是绝对行不通的。作为销售人员最主要的就是面对客户，缩小客户需求宽度的一个最为有效的办法就是问客户问题，去除无关紧要的部分，从问题中发现新的问题，再问客户新的问题，一步一步，才能逐渐缩小客户的需求，达到共赢，这才是销售人员和客户共同追求的目的。

然而问问题的方式有两种，一种是开放式提问，而另一种是封闭式提问。它们的使用时间和地点是不同的，如果你使用错了，客户就不会愿意配合你的提问，就好像在下班吃饭时间，你却请同事喝咖啡，同事一定不会很乐意，如果是请同事吃一份牛扒，对方会更容易接受，这就是提问的时机问题。

开放式提问的目的是为了了解客户的需求，所以，应该适用于了解客户的前期和中期；封闭式提问的目的是为了确认并排序客户的需求，所以，比较适用于了解客户的中期和后期。

可是，哪些问题属于开放式问题？而哪些又是封闭式问题呢？

亚丽丝是一家服装店的销售人员，看她在销售经历中有什么好的销售提问方式吧。

一日，亚丽丝看到一位衣着时尚的小姐来到店内，便精神饱满地说道："嗨，有什么可以帮到您的吗？您今天真漂亮。"

小姐很快走到一件宝石蓝的时尚连衣裙面前，停下了脚步，眼睛一直盯着它看……

"小姐，您觉得这件连衣裙与您身上这件的颜色会给人带来什么样的不同感受呢？"

"哦，这得依赖于个人的口味了，我认为，我身上的这件淡黄加碎花大裙摆，如果妆扮起来，比较有青春活力，显得精力充沛而且很健康，呵呵，可是这件蓝色的，穿在身上让人觉得我是一位很时尚的小姐，而且浑身会流淌着高贵的气质，也会有点高傲的感觉……”

“您说得真好，很有见解，那么，您为什么不去试试穿在身上的效果呢？”

“噢，正想一试呢！”

“是的，有您个人的时尚气质在里面，很美，高贵的美，看起来有成功女士的风范……”

“谢谢，我想，这种面料在夏天也会给人带来清爽的感觉，我感觉它在身上把我和它都衬托得很漂亮……”

“这是很显然就能看得见的呀，那么您会很喜欢这件连衣裙吗？”

“哦，是的，我很喜欢这件衣服，但是，现在我有很多连衣裙了，不打算再买……”

“是吗？这样的话，就有点遗憾了，这件衣服是今年流行的款式，用了让人凉爽的面料，销路很好，您不选择它，我真替您感到遗憾。”

“您在哪里工作，有时间能去拜访您吗？”

“哦，期待你的到来哦，我现在从事外贸谈判工作。”

“哇，既然这样，您还不感觉这件衣服很适合您吗？在谈判过程中，除了让人感觉很完美很有气质之外，还会给对方带来一定的敬畏，这是十分必要的，不是吗？”

“你真的是一位优秀的销售人员，我决定买下这件衣服……”

亚丽丝身上有很多值得销售人员学习借鉴的地方。

亚丽丝问那位漂亮小姐两件不同的衣服穿在身上会给人什么样的感受，就是一个开放式的问题，开放式问题在于，客户对于问题的答案是多种多样的，而销售人员就可以从中发觉，提取对于销售有用的信息，同时也获得继续发问的机会，这才是最为重要的。同时，也会让客户感受到你对于他的观点很有兴趣，会拉近你同客户的关系。

然而，封闭式问题和开放式问题是往两个相反方向发展的，它就是一种预设答案的提问方式，提问这类问题，只有一个目的，就是希望获得一个特定的答案，意思就是，销售人员不希望客户再畅所欲言地回答，而给自己一个特定的信息，好往下进行，就好像：你希望我在您的咖啡里加一块糖吗？答案只有两个。你认为这件衣服好看吗？只会有好看或者不好看这两个答案。

作为一员销售人员，在销售的过程中，或者在面对客户的时候，为了防止自己与客户之间的距离越来越远，开始的时候就可以采取一些开放式但又与此次推销有关的问题对客户进行发问，而在获得大量客户信息时，就要对客户采取封闭式的问题，了解客户的真正想法是什么。这样，比开始的时候就问一些封闭的问题，会让客户更容易接受，这样你与客户之间也会像两个朋友那样进行交谈，对于你的销售不是更有利吗？

17 提问题时，不要让客户觉得是在“侵犯”

如何才能够了解到客户的需求？那就是会提问题，只有通过适当的提问才能够了解到客户现在面临着什么样的问题？我们才能够给予正确的帮助。

然而，很多销售员在提问题的时候，出于好意，但得到的结果却是不好的，因为你的问题让客户觉得你“侵犯”了他，比如有的销售员为了得到确定的答案，他会问客户：

“你到底是买还是不买呢?”

客户听到这句话会有什么反应呢？很显然，大多数在听到这句话的时候，都会有一种被强迫的感觉，如果客户遭到销售员的强迫，他当然不会买。

尤其是对于一些具有口头禅、说话很随便的销售员要更加的注意，也许你的一个不经意的问题就会将客户拒之门外。

所以，合适的问题会让你留住你的每一位客户，至少，不会让他们觉得你的问题是一种对于他们某方面的“侵犯”、“攻击”。如果让客户感觉不舒服，他肯定不会选择你推销的商品或者服务，他会感到厌烦以致离开。

问题问到刚刚好

一句话，一个问题，会说得让人开心愉快、郁闷尴尬；也会问得让人欣然回答、挠耳避开，同是一句话，一个问题，换个说法，换个场合，就会达到不同的效果。

无论做什么推销，只要你是为你的商品而直接和客户交流，要将自己的产品推销出去，都得学学“发问”的学问。而一个小小的食品推销员有时就具有这样的职业素质，你相信吗？

一个小小的食品推销员在做了几年的推销产品之后，在囊获了无数金钱的同时，也从很多失败中，吸取了很多推销之道，就连面对客户穿什么样的衣服，说什么样的话，怎样发问都觉得是一件有技巧的事情。

在一次食品推销中，他又想以“我们又推出一些新产品，不知道您是否有兴趣来进行这次的生意，……”来开始他的又一次销售谈话的时候，他突然意识到自己这样做是一种愚蠢的做法，于是，他立刻以另一种方式与客户进行交流。

“ＸＸ先生，如果有一笔生意，能为您带来2 600英镑，您会感到有兴趣吗?”

“有面包吃，谁不会感兴趣呢？您请说。”

“今年秋天，由于南美的牛受到病痛的影响，进口牛肉有很大的下降，而国内牛肉和以牛肉为主的副食品价格至少会上涨20%。我已经计算好了您能出售多少牛肉和副食品，而这些产品对您而言……”随后，他埋头整理一些数据，交给客户。

“哦，你说的确实很有道理啊！我会从贵公司订货，具体的时间安排，我会再打电话告诉你的，谢谢你，让我有一段如此美妙的时光，真心希望你下次还能再来拜访我。”

几年来，他对客户的生意情况非常了解，对于每次面对客户以怎样的口吻同客户谈话，积累了丰富的经验。这一次，他又得到食品老板的一大笔订货，这样就为自己带来一笔不小的收益。

试想一下，如果这位推销员还按照自己原来的套路一直往下走的话，他会博得那位老板的赏识，会那么顺利地拿到那位老板的订单，为自己获得一笔收益吗？显然，答案是否定的，如果他那样问的话，只会让老板感到反感，会感觉是对他的能力以及经济状况的怀疑，既然这样，谁还会和一个不信任他的人一起合作呢？接受他的商品或者服务呢？

看来，面对客户怎样合理地问对方关心的问题是每个销售人员必须要学的一门课程，学习好了，你就会是一位优秀的销售人员，而学习不好，你的销售生涯就不会有什么大的成就。但是，学习问问题的技巧不会像泡咖啡那样简单，不会很容易就看到成果，需要的不仅是每位销售人员在日常生活中积累的经验，而且还需要每个销售人员面对客户前，都要仔细想想以怎样的姿态面对客户，用怎样的方式跟客户说，当然，站在客户的角度想想或许也能帮到你不少忙。

了解了怎样问问题的重要性，接下来要做的就是学习如何问客户问题了。

选择一个角度面对你的客户

面对客户，选择问什么样的问题，就像是选择了一个面对客户的角度，“头仰得太高”，客户会觉得你作为一位销售人员太高傲，和你之间的距离太远，觉得自己可有可无，那样他还怎么会购买你的商品；如果“头埋得太深”的话，小心谨慎，把客户当做上帝来敬仰，不但不会获得什么有利于你的信息，而且气氛太凝重，也不会有利于产品推销的进行；选择一个平视左右的角度，以一位朋友的身份面对你的客户，即使他不选择你的商品，你也交到一位朋友，不是吗？再者，若你的态度谦和，他对你也就不会很恶劣的。

就是这样，只有选择一个合适的角度，选择客户不敏感的问题进行发问，才有机会以一种很自然的方式拉近自己与客户之间的关系；了解到客户的真正需求，才会为自己赢得一个有利于自己推销产品的机会，然而，对于初涉推销的人员往往会出现很多问题。

假如，你是一家服装店的推销人员，面对进进出出的顾客，一句“嗨，先生（女士），很高兴见到您”，并投以真诚微笑，会比你冷默一旁好得多；你面对所有顾客都同样对待会比你区别对待顾客收到的效果要好。

当顾客进门，“嗨，随便看看吧，有很多新的商品。”不增添顾客的购买压力，会让顾客留得更长久，如果换作“嗨，喜欢哪样商品，我帮您介绍……”，这样顾客往往都会以“哦，我随便看看……”来回答，这样会吓着顾客的。

当顾客刚进门的时候，你要留在原地，等顾客在某一特定商品面前驻足或者用手抚摸某一商品时，再以此机会来和顾客沟通介绍，肯定会比顾客刚一进门就紧随其后达到的效果要好。

对于很多商品，不一定要问顾客喜欢哪个，你可以说，“请问您从事哪方面的工作，不同款式的产品适合不同类型或者工作的人。”

然而也有很多问题是不方便问的。如果你是家电超市的销售人员，如果你问：“您家有微波炉吗?”顾客：“没有。”你问：“您平时用电磁炉吗?”顾客：“不用。”你这样问下去，你的顾客肯定会走掉的，你自己都会觉得这是什么样的超市呀，怎么会这样？顾客更是会觉得你是对他的一种极大的不尊敬。

曾经有一位太太看到一台非常漂亮的电视机，正在犹豫着要不要买下，这时，销售人员说：“它很漂亮，不是吗？我想把它放在您家一定很合适。”“是的，可是我先生现在不在，我不知道他会有怎样的想法。”“哦，您的意思是您的先生如果在的话，您就会买了?”这时，这位太太紧皱眉头，说道：“先生，和你交流不是件容易的事情。”说完就离开了。

问客户这样的问题，不就等于将自己的客户交到别人那里和别人谈生意吗？这样愚蠢的问客户的方式，一些推销者在成功之前也存在过，就像每个人在成功之前都跌倒过是一样的道理，面对每一个客户，认真对待，对于每一次的推销都充满信心，不能因为一两次的推销失败就站不起来，这样的话，你就不适合做销售员这样的工作。

从上面点滴的小事中可以看出很浅显的问题，可是，作为销售人员，久而久之就会麻木于自己的工作，没有了工作热情，当然也不会注重自己在推销中存在的问题和成功之处。可是，不要再等到年终的时候，看到别人获得很丰厚的业绩才后悔自己当初为什么没有认真对待每一位客户！

对每一位客户都要真诚相待，选择客户不敏感的问题，巧妙从中提取信息；获取自己有利的信息，逐渐明确客户需求，问到深浅适当，说得客户愉快接受，没有了“敏感区域”才会有利于成功销售的进行，才会有自己获得更多利益的机会。

第四章

这不是在卖产品，而是在提供帮助（满足客户需求）

作为一个销售员，如果有人问你："你卖的是什么?"大多数销售员的回答是："我卖的是产品。"错误！一个优秀的销售员会告诉对方："我是在为你提供帮助，这是无法用'卖'来衡定的。"

也许你很难理解，本来卖的就是产品，为什么要说是提供帮助呢?

如果我们只是以把产品卖出去为目标的话，这个目标是狭隘的、是没有远见的，首先我们可以确定的是，我们的产品是来解决客户问题的，也就是说我们的产品帮助了客户，而这个帮助是建立在以客户的需求为基础上的，如果我们可以把"卖"换成"帮助"，是不是就可以最大限度地满足客户的需求呢?

答案当然是肯定的，因为"帮助"能够改变我们的观念，能够延伸出很多的附加服务，能够以满足客户的需求为目标。

世界营销学大师菲利普·科特勒曾说："企业营销大厦的核心就是满足客户需求。"

可见，客户的需求在一个企业当中是多么的重要，最初满足客户需求的要点就是价格和质量，随着经济的飞速发展，客户的需求延伸为更加的广泛，不再是只有价格和质量了，还有服务等，这些也是目前客户需求的重点，很多有经验的销售员也把这些作为了他们工作的重点。在销售这个行业来说，销售的核心就是满足客户的需求。

18 让“救助方案”随着问题的深入逐渐产生

有经验的销售人员都知道，在大多数情况下，销售人员不可能直接从客户那里知道客户现在存在着什么问题，或者遇到了什么问题。而有些问题对于客户来说，他们觉得这些问题已不是什么问题，因为他们已经习惯了这样的方式。当然，这样的客户就不可能产生购买的行为，在什么情况下客户才能够有实实在在的行动呢？只有客户觉得这些问题已经很严重了、已经无法让自己忍受、原来解决了这些问题会过得更好的情况下，他们才会产生购买的行为。但是如果销售人员只是等着客户有这样的需要的时候再去销售自己的产品的话，那么，企业将很难存活。

销售的更深层次就是帮助客户发现客户没有发现的问题，这也是一个销售人员的责任。比如有一位老先生，很多年一直用一个没有盖的杯子喝水，但是在冬天的时候就会出现一个问题，水刚倒上没怎么喝就凉了，这样老先生就不得不把凉了的水倒掉，然后再倒一些热水，以保持应有的温度，多年来老先生一直习惯了这样的做法，觉得没有什么问题。这时如果有销售保温杯的销售人员能够发现这个问题，向这位老先生去推销一个保温杯，这样即使在冬天也不用很快地换水，那么这位老先生肯定会非常的感激，继而接受你的商品，这就是一个完美的销售。

▶如何把“问题”挖出来

发现客户的问题，然后让客户慢慢地感觉到问题的严重性，继而产生购买，这是一个销售人员挖掘潜在客户的过程，在这个过程中，最重要的就是发现客户的问题，让客户清楚自己的问题，这将是至关重要的。

首先，你要学会倾听。客户的很多的问题其实都隐藏在一些话语中，一般情况下，在你和客户的交谈中，客户会无意地向你说出一些生产上、生活上等各方面的细节，这些细节他们可能只是随口说说而已，而如果你仔细研究的话，会发现他们还是有些问题存在的，如果把这些问题解决了，他们的工作效率其实还可以更高，他们的生活其实还可以过得更好。这就是客户所需要的。比如你是一个砖机推销员，一个砖瓦厂的厂长告诉你说："我的厂子现在效益非常的好，没有什么问题存在，虽然砖机很旧，比不上本地区最好的厂子，但是已经非常的不错了!"听到这句话你是不是就认为这个客户不需要你的砖机呢？不，他就是你的客户，在这句话中你听到了什么？"他还不是最好的厂子"，这就是问题，他很想让自己的厂子成为本地区最好的厂子，由于他使用的是很旧的设备，所以他的效率还不是最高的，如果他用了你新的设备，那么他就能够成为本地区最好的厂子。所以你要抓住这个关键点。

其次，向客户提问题，在客户回答问题的过程中发现客户存在的问题。在你和客户沟通的过程中，适当地向客户提一些问题也是发现客户问题的一个重要方法，但是，好多的客户他们都有一个防备的心理，他们不愿意向你说一些自己真实的问题。比如在和你沟通的过程中，你说了很多的话，客户却始终不开口，这样你们的沟通就会显得有些尴尬。无论在什么情况下，缺少沟通的谈话是没有效果的谈话，要想交易成功，你就需要去调节这种尴尬的局面，而不是一个人开"演唱会"向客户提一些适当的问题，打开客户的心扉，最好的提问方式是开放式的提问，这样客户会更加宽广地回答一些问题，销售人员会更加容易地从中找出客户的问题所在。比如下面这个案例就是一个很好的证明。

爱得拉："看起来您真的很忙啊?"

客户："是啊，由于最近企业的扩大，听说设备出了点问题，很难抽时间去看看!"

爱得拉："的确是的，像您这样的忙，这么多的事情您哪能顾得过来啊！其实关于您的设备问题，我觉得设备的厂家就可以处理的!"

客户："是啊！由于设备比较陈旧，厂家的人过来维修了一次，然后就不再过来了!"

爱得拉："哦！这确实是很让人头疼的一件事，您用的是哪个品牌的设备?"

客户："是某某品牌的，售后服务太差了!"

爱得拉："这个品牌我还不太了解，不过我们的设备是终身保修的，而且如果设备有什么问题，我们的维修人员会在2小时内赶到现场进行维修，绝对不会影响生产的使用。"

客户："哦！听起来不错啊!"

爱得拉："您当时买设备的价位是多少钱的?"

客户："当时每套设备是12.5万，你的设备是多少钱的?"

爱得拉："我们的设备多功能高效的那一款现在是13万左右，跟您那时候的价格差不多！而且我们最近推出了一套包年的售后保养服务，在生产的过程中，绝对不会让设备出现问题!"

客户："这样是最好的，我现在最担心的就是设备有问题或者有问题没人修了!”

爱得拉:“对于您的这个问题,也是我们最担心的问题,所以我们公司在售后上投入了很大的资金,聘请了最好的服务工程师。您目前有几台需要更新的机器呢?”

客户:“现在有2台,可能还需要增添一些机器扩大规模!”

……

从这个对话中我们可以看出,爱得拉一直用发问的方式了解客户的真正需求,同时爱得拉在向客户发问的过程中表现出了一切为了客户的真诚,这给爱得拉和客户之间创造了一个很好的谈话气氛,让客户很快地放下了戒备的心理,能够很轻松地、没有束缚地和爱得拉进行交谈,在不知不觉中向爱得拉讲出了自己的需求。同时在爱得拉得知客户担心的是售后问题时,爱得拉针对客户的问题提出了解决问题的途径,这让客户觉得爱得拉是在为自己着想,是在为自己解决问题,提高了客户的信任。

最后,仔细的观察。除了听和问之外,还有一个主要挖掘客户问题的方法那就是看,其实每个人的问题都会表达在一些行为和表情上面,由于一些问题的困扰或者问题的胁迫他们会很自然地做出一些你认为很正常的动作,如果你能够仔细认真地观察,然后再仔细地思考,那么客户的一些潜在问题就会很容易被你发现。

给他“严重的问题”套上外衣

“客户就是上帝”,这是每一个销售人员都知道的话,也是大多数销售人员认可的，那么，客户既然是上帝，你就应该及时发现“上帝”所遇到的问题，从而提出解决问题的方案，为“上帝”解决问题。如果客户的问题你不能够及时地发现和解决，那么“上帝”终有一天会生气，你将会永远地失去“上帝”，所以，要时刻让你的头脑保持警觉，做好发现客户问题的准备，客户的问题就是你销售的机会，就如下面这位主人公一样，你会做得更好。

亚瑟·华特逊是一位72岁的老人，一直住在英国。亚瑟·华特逊从小就有一个愿望，就是像发明家一样去发明一些为人类所用的东西，因为他一直觉得自己有这样的才能，但是这个愿望一直没有实现。

有一天，这位老人在家里看电视，看的是一家关于月球探秘的节目，主持人一边介绍着月球的情况，一边翻动着一些相关的图片。这其实是一个很正常的事情，可是亚瑟·华特逊老人却发现了问题，他觉得主持人这样介绍月球特别的别扭，观众也不能更全面直观地了解月球的情况。这时他想，月球和地球不都是圆的吗？地球有地球仪，那为什么就不能做一个月球仪呢？这样不就可以让人们更加直观地了解月球了吗？随着经济的发展和人类素质的提高，人们对月球肯定非常的感兴趣，月球仪一定会受到人们的喜欢。

说干就干，第二天亚瑟·华特逊就开始行动了，经过他的努力，他很快成功地研究出了月球仪。后来他开始宣传自己发明的月球仪，在各个电视台和报纸大做广告，亚瑟·华特逊成功了，正如他之前所想到的一样，人们特别喜欢月球仪，世界各地的订单像雪花一样都飘到了亚瑟·华特逊的手中，亚瑟·华特逊看到了人们的需求，后来制造出了火星仪、金星仪、土星仪、木星仪等一系列的产品，这些产品同样地也受到了人们的喜欢。后来他被评为“世界星球仪制造大王”。

亚瑟·华特逊成功了，主要是因为他发现了主持人所存在的问题，然后对这些问题仔细分析后，想办法解决了这样的问题，这就是他的成功之处。

对于一个销售人员也是一样，在你发现客户的问题之后，你可能会感觉到这些问题对于客户来说并不是很严重的问题，他们对此并不是很在意。那么，你就要加深客户这些看似不是很严重的问题的严重性，不断地加深客户的问题，让客户意识到问题的严重性后也意识到解决问题之后的完美。当然，要在发现问题之后提出让客户满意的解决方案也不是一件很容易的事，我们需要注意以下几点：

第一，全面地了解客户。对于客户来说，他的生活面可能涉及得非常广，只有你在全面地了解客户之后，你制订出的“救助方案”才会真正的有效。因为每一个客户的生活习惯、消费爱好、购买能力等因素都不同，如果你只是了解了客户的一部分，那么就很容易以点盖面，比如，有的客户除了在乎售后的问题外他还特别关心产品的品质，而你在挖掘客户需求的时候只发现了客户售后的问题，那么在你解决客户问题的方案中你可能会更多地提到售后的问题，主要凸显的是你的售后如何如何的优秀，那么，当一个对品质很重视的客户在看这份方案的时候，却看不到产品品质的踪影，这必将影响你和客户之间的交易。所以，你必须全面地去了解客户，这样你的“救助方案”才会更加的有效。

第二，突出重点。这里需要说明的一点是，突出重点不是放弃不重要的方面，每一个客户对某个产品的需求都有重要方面和次要方面，比如对于一块肥皂来说，有的消费者重视的是它的实用性，有的消费者重视的是它的外观，所以我们看到，在每一个广告宣传中，他们突出的重点都不一样，有的突出的是品质，有的突出的是价格，有的突出的是外观等，因为他们面对的消费群体不一样。其实，一个销售人员在了解客户需求之后，所订出的一个销售方案就好比是一个广告，如果你的这个广告能够突出客户最需要的，兼客户次要的需求，就能够引起客户的兴趣。销售人员的主要工作就是销售产品和帮助客户满足需求，所以最好的“救助方案”就是产品和客户的需求相结合，找出他们之间的结合点，合理地做出分析，给予客户最想要的方案。

第三，深入沟通。在你和客户沟通的过程中，不能只是一些表面了解，你需要更加深入地去了解客户的需求，比如在你好不容易发现某一个客户的需求之后，你会马上制订出一些救助方案吗？如果你的选择是肯定的，那么这将会给你一个教训，你制订的这些救助方案并不能全面地满足客户的需求，这会影响你们之间的交易。客户往往只有对于一个熟悉的人，他才会和他更深入地交谈，所以，在你发现客户的需求之后，你需要和客户深入地沟通，更加深入地去了解客户的需求，然后制订出有效的方案。在你发现客户的问题之后，要不断地深入这些问题，从而制订出完善的“救助方案”，给这些问题套上一个美丽的外衣，让客户满意。

⑲ 相比“掏钱买东西”，他们更愿意接受“帮助解决困难”

当你去外边买东西的时候，面对销售人员美好语言的解说和对自己产品不断地夸奖，你会有什么反应呢？在大多时候你肯定会充满警惕和防范，因为你害怕不小心掉入他们精心设计的“陷阱”里面。对于大多数的客户来说，他们都有这样的心理，究其原因，主要是有一些销售人员没有真诚地对待客户，他们没有真正地帮助过客户，致使有些客户对所有的销售人员都产生戒备和防范的心理。

很多的销售人员在销售的过程中，为了达到自己的销售目标，不择手段，想尽了一切可以想到的办法，只要是把他的产品能够销售出去，从不计后果。这样的办法对销售人员起初可能有一些效果，但是随着时间的推移他们的销量将会下滑，最后导致无法在这个销售行业生存。一个客户，你让他掏钱买东西，难道他真的就会买吗？“凭什么我要买你的产品！”然后你可能会讲出一大堆你的产品的好处，告诉他：“你不买我的产品，将会是一个很大的失误！”有些比较较真的客户听到你这样的话转头就会走，可能他会想：“我失误一次，我看会怎么样！”有些客户你说了半天则还是没有动静，最后可能会犹豫不决而放弃购买。

要解决这样一个局面，最好的方法就是真心真意地关心客户，帮助客户解决困难，让客户觉得你就是专门做好事的那个人，这样客户的防备和警戒就会慢慢地消除，下面你和客户的沟通就会异常地顺利。

帮助客户就等于是帮助自己

作为一个销售人员，其实帮助客户是我们的义务之一，而且这个义务你必须要做好！因为你给予客户的帮助可以为客户创造价值，最重要的一点是，你对客户的帮助在一定程度上可以为你带来很大的效益，为你以后的发展打下良好的基础。所以帮助客户在我们销售这个职业的规划中可以说是最重要的一环，你必须尽最大的努力去帮助你的客户，维护你和客户之间的关系。

帮助客户我们可以从两个方面去研究，第一，专业化的帮助。了解自己产品的优点和特性，所能给客户带来的好处，帮助客户解决所产生的问题。比如，有一个客户来家具店买一套沙发，作为销售人员的你肯定极力地推荐你的沙发是如何如何的优质！而当你知道这个客户更加在乎的是价格的时候，你可能会告诉他你的沙发的性价比是如何的高，买你的沙发是绝对不会亏的！其实这样的销售方法并不是非常的好。在一些小的生意中可能比较实用，但在一些大的生意中，只是用语言一味地消除客户的顾虑，很大程度上会引起客户的猜疑。因为在一些比较大的生意中，他们更加注重的是商品的综合对比，这些客户会对关于商品的每一个细节进行考察和研究，调查研究的结果和你的说法相比对于他们来说，他们更加愿意相信自己。一个优秀的销售人员，并不是直接去说服客户购买你的产品，而是站在客户的角度去帮助客户，如果客户觉得你的沙发价格太高，那么你只需要给客户解释价格高的原因，比如质量等等问题，然后你可以帮助客户介绍联系其他价格比较低的品牌，尽管不是自己所销售的产品，也许这样做你会觉得很傻，其实不然，这样做会更加地感动客户，也许客户去其他店里看了之后，觉得你是一个非常诚实的销售人员，会再次回来购买你的产品；也许因为你帮助他买了其他的产品，但是他肯定不会忘记你这样一位销售人员，以后肯定会给你带来更多的客户。所以，有时候看似不是很划算的东西，如果你做了，到最后也许你会赚很多。第二，人性化的帮助。所谓人性化的帮助就是在心理上或者一些细节上帮助客户，真正地让客户感受到你的真心，这就要求我们要善于发现客户的心理变化，有时候你觉得做那些事情确实太琐碎了，但就是那些琐碎的事情往往能够更加容易地打动客户。比如在你和客户交谈中，你更多的时候扮演的是一个倾听者，在交流的过程中，客户就会觉得你是一个真心帮助关心自己的人。比如在节假日的时候向客户发一些祝福短信，这样一方面客户对你的印象会更加地深刻，一方面他会感到非常的欣慰和感动，最终对你产生信任感，介绍更多的朋友给你。

现在我们来举一个售后的例子，我们从中能够更明确地看到帮助客户就是帮助自己的智慧。在一些老客户身上，他们在使用我们的产品的时候，有时候会遇到一些技术上的问题或者售后服务上的问题，这时他们第一个要找的人就是你，因为是你把产品卖给他的。这样的情况每一个销售人员都遇到过，销售人员处理结果的不同导致了客户发展方向的不同。有的销售人员遇到这样的情况往往会推脱或者不理不睬，这样的后果往往会导致客户去公司投诉你或者要求退还产品，然后告诉身边的朋友以后不要再信赖你的产品，或者自认倒霉，但是他以后永远都不会再用你的产品，想想这是一个多么严重的问题。如果因此而毁了这个产品，那么作为销售人员的你也会因此而失业，当然这只是从反面去想这个问题，我们从正面看，如果你帮助客户解决了问题，或者即使解决不了，你也会努力地去帮助客户，让客户感受到了你的真诚，那么客户还是会一如既往地信赖你，他会因为你的帮助而更加地信赖你，当有需要的时候，他还会购买你的产品，即使你的产品不是很好，但是他相信你能够帮助他解决问题，并把你介绍给自己的亲朋好友，这样你的销售业绩会迅速的增长，这当然不是神话，也不是幻想，因为已经有人这样做了，并且成功了，那就是连续12年荣登《世界吉尼斯纪录大全》世界销售第一宝座的乔·吉拉德。

在优雅的咖啡厅里，有两个人正在热烈地交谈着，一个西装革履，戴着眼镜，落落大方，每一个动作都显得那么的合拍，这个人叫布里奇特，他是一个推销叉车的销售人员。坐在他对面的就是他的客户，一个生产铝锭企业的采购经理。

布里奇特的业绩一直非常的好，刚过了这个月的中旬，他的业绩和其他销售人员相比，已经是遥遥领先了。听说这个铝锭厂要急需采购一批叉车，以应付扩大的生产，于是他就把这位采购经理约了出来。

布里奇特："刚才我把产品大概给您介绍了一下，相信您也已经有所了解，您对我们的产品有什么样的看法呢？"

客户："你们的产品确实特别好，对我们的生产会起到很好的帮助，但是价格却大大地超出了我们的预算，如果这样的话我们将无法继续我们的运营。"

布里奇特也看出了他们确实没有太多的钱来买自己的产品，于是布里奇特说："哦，这确实是一个难题，毕竟企业的运营是非常重大的事情。"

布里奇特："不管怎么样也不能耽误了您的生产，那样的话损失可就大了，我有一个朋友，他的产品价格我觉得非常适合您现在的情况，他的价格在每台53 000美元，您可以回去研究一下，如果有需要我可以帮助您再优惠一点。"

……

两天之后，布里奇特接到了这位客户的电话，这位客户告诉他说要购买自己品牌的叉车2台，然后再购买价格较低的1台。布里奇特从客户那里得知，这位客户回去之后和几位领导研究发现，依照自己的购买预算，从价格和质量上相比确实选择布里奇特介绍的那个品牌是最好的，但是功能上和布里奇特销售的这个品牌相比就差了一点，市场价格要比布里奇特说的价格高1 000美元，也就是54 000美元。这位客户觉得布里奇特是真心地在帮助自己，不是为了拿提成或销售自己的产品给自己乱出的主意，于是最后做出了以上的决定。

帮助客户会为自己带来什么好处呢？相信我们从上面的例子已经有所了解，一个有经验的销售人员告诉我们："一个只会开发客户而不懂得怎样帮助客户的销售人员最终会失败的。"在销售中我们不能只看到自己的产品，更重要的是看到客户的问题，帮助客户解决问题，就算帮助客户和自己的利益没有任何的关系，我们也要一如既往地帮助和关心客户，相信你的付出终究会有回报的。

让客户产生感激之心

让客户感激，是客户得到我们帮助的结果。如果在客户困难的时候，经过你认真地分析，并有效地解决了他们的问题，那么他们对你产生的不光是感激之心，更重要的是他们还可以帮助你解决你在销售中的问题。

在心理学上有一个原理叫“互惠原理”，意思就是说，当你给予对方帮助或者送东西给对方的时候，对方会对你产生一种亏欠的心理，这种心理从另一个角度讲那就是感激，为了达到这种心理的不平衡，对方会给予你一定的回报。每个人都有一颗感恩的心，对于大多数人来说，你给予他帮助，他肯定会给予你帮助。作为一个销售人员，如果你能够很好地把握这种互惠原理，那么你将会非常出色。同样的，如果你以一颗欺骗的心对待客户，那么最终带给你的也是欺骗。要让对方感到感激，那么你就需要去帮助客户，有的销售人员在看到客户与自己签了订单之后，会显得非常的热情，帮助客户解决问题，这时客户就是上帝，“我可以尽最大的努力帮助你想做的一切”。而当客户一旦对自己的产品产生异议，或者决定不买自己的产品的时候，销售人员就会显得很冷漠，这时客户立马变成了贫民，和客户一句多余的话也不会说，更不要说了解客户，帮助客户。这样的销售人员是一个彻彻底底失败的销售人员，或者根本不适合做销售这个行业。我们看看下面这个例子，阿加莎是怎样对待他的客户的。

在一个很大的冰箱展销会上，很多的人都看着自己感兴趣的冰箱，希望能够在这里找到适合自己的。这时有两位60多岁的老先生，走在了一个展台的前面，他们仔细地看着展台上的冰箱，并互相商量着，看似很认真的样子。

阿加莎就是这个展台的销售人员，他看到这两位老先生之后，很热情的走了上去，同时很认真地为两位老先生介绍起了自己的产品，从冰箱的功能、质量、服务、价格、性能等各个方面都作了详细的介绍，两位老先生听了之后非常地满意，但是看到这个展销会上品牌如此之多，一时也拿不定主意，于是就告诉阿加莎："我们想去别的展台看一看，然后再决定。"

30分钟之后，这两位老先生又来到了阿加莎的展台，经过阿加莎询问得知，由于品牌的众多，他们还是没有决定买哪个品牌，老先生说："我们已经转了好长的时间，今天一定要买一台回去。"可是让他们为难的是今天没有带那么多的钱，要去银行取钱，现在外面又下了这么大的雨，阿加莎听到之后，马上拿出了自己的伞，可是这两位老先生始终不愿意接受，阿加莎看出了这两位老人的意思，于是阿加莎就说："我给你们借伞用，纯属我个人的行为，跟买我的冰箱没有关系。"最终两位老先生拿着阿加莎的伞去取回了买冰箱的钱，在还伞的时候阿加莎得知，老先生家里人并不是很多，就建议老先生买一个比较小一点的冰箱，这样既省电，用起来也会方便很多……老先生还完伞离开阿加莎的展台不久，又回到阿加莎的展台，决定从阿加莎这里买一台冰箱，因为他们在离开阿加莎展台之前，阿加莎做的一切都是在帮助自己，他们觉得阿加莎是一个诚实的人，所以买他的冰箱没有错。

老先生最终选择了阿加莎的产品，这主要是因为阿加莎的行为感动了这两位老先生，这就是我们心理学上所说的互惠原理，所以，如果客户在遇到困难的时候，对于销售人员来说这是一个绝好的销售机会，关注客户的困难，不要一味地索取，懂得付出，你将会成为一个优秀的销售人员，相比让客户掏钱买东西，他们会更加喜欢你的帮助。

20 让客户知道他将得到什么效益

客户发生购买行为都是因为某些商品或者方案能够很大程度地解决自己的问题、提高自己的效益，但是有的客户却不能够完全知道你的产品带给他们的效益，所以一个销售人员要让客户接受自己的产品，首先是要让客户知道他将从你的商品或方案中得到什么样的效益。对于销售人员来说，你的产品是你最了解的东西，相对于客户，你更加了解你的产品能给客户带来的效益及能够解决的问题，所以你必须更加了解客户的效益问题。而我们遇到的问题大多都是客户不明确的需求或者隐藏的需求，从表面很难看到客户的效益问题，所以我们需要掌握一定的方法，让客户陈述自己的效益，比如有这样两个问题："我的这个产品对您有帮助吗?""会对您产生哪些帮助呢?"从这两个问题我们可以看出，第一个问题客户可以用肯定或否定的语气直接回答，而第二个问题，客户则需要从他们的效益出发，为你陈述你的产品所带给他们的效益，在陈述的过程中，你会有很多的机会了解及完善产品给客户带来的效益。

客户问题产生的原因

在生活中，当你的头发脏了，那么你就需要去洗头发，而这时你发现没有洗发水了，你只需要去买一瓶洗发水就可以解决问题，这是最简单不过的效益问题了！洗发水能够将你的头发洗干净，这就是它给你带来的效益。对于一些简单的生意，其实也是如此，客户的某一问题就是由一个原因产生的，客户也很清楚自己所遇到的问题，而你的产品能够完全地解决客户的问题，给客户带来效益，这样的交易将会顺利很多。

而在一些大的生意和复杂的生意当中，客户的问题并不是由一个问题所产生的，他的这个问题的产生可能有很多的原因构成，比如我们先看一个例子。

安德鲁是一个塔吊销售人员。这次他来到了一个建筑工地，据这里的管理人员反映，他们的工作效率非常的低，这样严重影响了工程的进度。安德鲁经过调查发现，他们的塔吊已经使用了很多年，设备比较陈旧，如果换成新的塔吊或者换一部分零件一定能够提高工作效率，于是安德鲁找到了这个建筑工地的负责人。

安德鲁："您现在的问题是工作效率很低，如果换成我们新的塔吊或者换取一部分零件的话，相信一定会提高效率，工程一定不会耽误。"

客户："不！不！我现在工程进度低不光是塔吊的问题，还有搅拌机、人员的散漫等问题，你的这个方案并不能解决我现在的问题！"

……

安德鲁显然让客户知道了自己产品带给他的效益，但是客户还是产生了一定异议，这是为什么呢？因为安德鲁只是解决了客户引发这一问题的一个方面，我们可以看出影响工程进度的原因除了设备的陈旧之外还有人员的散漫等等，尽管设备陈旧是最主要的原因，但客户还是提出了异议，当然安德鲁不可能替客户去培训员工等，所以安德鲁不可能为这位客户找出一个完美的方案来解决客户的问题，安德鲁的竞争对手也不可能为这位客户提出一个解决所有问题的方案。

在一些大的或者复杂的生意当中，一个大的问题后面是由很多小的问题催化出来的，你的产品只能解决客户的一个问题，却不能够解决客户所有的问题，这是一个很现实的问题。安德鲁的失误就在于陈述利益的方法不对，我们从另一个角度去想，站在客户的角度去考虑这个让人头疼的问题，如果我有了这个产品会解决我什么样的问题？会降低工厂的哪些成本？会对我们企业带来什么效益？等等，从客户的角度去陈述这个问题相信会得到一个很好的效果，让客户知道“这对我来说确实是一件很划算的事情”，比如，安德鲁如果按照这样的对话方式，相信会让客户很明确地知道给自己带来的利益而欣然接受。

安德鲁：“您现在面临的是工程进度效率低的这个问题，这确实让人很烦恼，相信您对提高你工程效率的东西一定很感兴趣。”

客户：“是啊！这个问题已经困扰了我很长时间了！我必须要解决掉它，不然会极大地影响我们的效益。”

安德鲁：“如果把你的塔吊换取一部分零件你觉得会对你的工程进度有什么样的帮助呢？”

客户：“你说的这只是其中的一个方面，还有人员的散漫、搅拌机的不及时等等原因。”

安德鲁：“我明白工程进度问题是由很多的问题造成的，但是为人员的培训或者换掉对您来说相信也不是一件很容易的事，您觉得如果提高您塔吊的效率，对您会有什么好处吗？”

客户：“这个我想会有一定的好处的，首先它能够解决材料运输效率低这个问题。”

安德鲁：“如果材料运输的问题解决了的话，我觉得可能还会解决其他的问题，您认为呢？”

客户：“如果运输材料的速度提高了，那么楼上的作业就不得不提高了……我想人员的散漫可能与运输材料的缓慢有关，材料跟不上，员工的效率可能会随着材料运输的缓慢而降低，如果一旦材料运输效率提高，相信对提高员工的效率会有一定的好处，你的这个方法真的会对我有一定的好处……”

从这个例子中我们可以看出，销售人员并没有直接陈述自己产品对客户的效益，销售人员一直在陈述客户的需求，引导客户从需求中发现为客户带来的效益问题，这样客户就把关注点放在了产品能给我带来怎样的效益上面，而不是一味地关注你这样的产品能否完全地解决我这样的问题，销售人员的这种从客户的角度出发，从客户的需求到客户效益这样循环式的阐述很大程度降低了客户的异议，这样让客户完全知道产品所能够给他带来的效益。

在一些大生意中，有经验的销售人员会努力寻找一个解决客户问题最合理的方案，而不是最完美的，因为他们知道，在一些比较复杂的生意当中，不可能有一个完美的方案来解决所有的问题，如果你试图去寻找这样的方案，那么会更大程度地引起客户的异议甚至质问，而你的任务就是引导客户让客户知道你的产品所能解决的问题，解决这些问题之后他会得到很好的效益。前面我们说过，在一些比较简单的直观的生意当中，客户的需求和问题基本上是明确的，在一些比较复杂的生意当中，有的客户会陷入一种困境，他们同时遇到了很多的问题，也许你的产品能够帮他解决主要的问题，但是由于次要问题的干扰并不能够完全的解决，首先你要确定给客户带来效益的区域，你的产品给客户带来的效益范围有多大，这些效益是否是你的产品所能够完全解决的，从你了解的这些效益中是否能够延伸从而解决客户的其他问题等，确定给客户带来的效益范围这样才能够更加完整地引导客户。其次，在客户完全知道你的效益之前，你能解决客户的难题及开发的需求，明确了这些问题，你将会更加容易地向客户介绍你的产品所能给他带来的效益。

带给客户最好的效益

让客户知道你能给他带来最好的效益，最好的方法莫过于让客户自己说出来，这样的做法会比你自己说出来效果好许多，那么怎么样让客户自己说出产品所能带给他的效益，并且欣然地接受呢？那就需要向客户问一些问题，在你问客户这些问题的时候，最好的方法就是把你的问题与客户的回答和陈述相联系起来，紧扣客户所表述的一切。比如：

客户：“您的这部车离地间隙太低，大大地影响了这部车的越野性能，我觉得这不是很好。”

销售人员：“是的，降低离地间隙可以有效地减少风阻，这样可以更加省油，不知道您是否经常去野外？”

客户："这个倒不是，可能对于我来说并没有什么大的影响。"

清楚、具体，从正面去问一些问题，在你问的一些问题中最好不要有交叉点，不要重复，因为你问题的重复或者一些互相交叉的问题会让客户觉得很没有头绪，根本不能有效地让客户知道你的产品给他们带来的效益，比如：

"这部车能给您节约多少时间？"

"这部车能为您提高工作效率吗？"

……

我们可以这样问：

"这部车为您节省下来的时间，您将怎么使用呢？"

"这部车为您提高了工作效率，那么，您在其他方面的效率会提高多少呢？"

……

这样的问题在我们看来是不是更加明确一点呢？显然我们已经把客户的问题过渡到了另一个高度，客户的问题已经被解决，他所知道的是解决之后所能给他带来的效益和好处，我们看一下这个例子：

在一个小饭馆里，人来人往，显然生意特别的好。莱克刚到这个公司工作，所以也是第一次来这家饭店吃饭。

"先生您吃点什么呢？"一个服务员满脸微笑地问莱克，莱克说："给我来一份面吧。"说完，服务员就拿着菜单走了。第二天，莱克又来到了这家饭店吃饭，又是一个服务员满脸微笑地问道："先生您好，您是吃米饭还是面条，或者点一些小菜呢？"莱克说："给我来一份面条就可以了。”这位服务员接着说：“那您是要加牛排还是鸡蛋呢?”莱克想了一会儿说：“那就加个牛排吧。”

在这个故事中我们可以看到，第一个销售人员在销售上来说是一个开放式的问题，而第二个销售人员是一个封闭式的问答，在他问这个问题之后客户所面临的不是买不买的问题，而是选择哪一个的问题。

在一些大生意中，我们也可以用类似的方式向客户问一些问题，更加明确清楚地让客户知道将给他带来的好处。

让客户知道你的产品将给他带来什么效益还有一个方法就是产品演示，一次成功的产品演示，能够让客户完完全全地知道产品带给他们的效益，所以在给客户进行产品演示时我们需要经过精心地策划和对客户的了解，让客户知道你的产品远远胜于对手的产品。在产品演示中我们需要明确以下几点：

第一，明确客户的需求。在这里我们的重点就是让客户知道产品能给他带来什么样的效益，然后根据我们演示的目的策划我们需要给客户展示的东西。

第二，演示的工具。演示工具的不同，我们需要注意的重点也不尽相同，如果我们采用的是PPT电子演示方式（这种产品演示方式大多用在一些比较复杂的产品或者大生意当中），这个演示的重点首先是我们确定重要客户的到场，如果这位客户没有到场，我们的演示可以推迟，否则产品的演示就失去了意义。还有一些演示可以现场操作，比如汽车销售人员，你的这个汽车有什么样的功能，采用什么样的技术，如何更加节油等，都要给客户演示出来，不过我们的重点是在让客户知道他拥有了这部汽车之后，他将得到什么样的效益，比如在介绍行车电脑时，我们可以这样说："有了行车电脑，可以让您随时掌握瞬时油耗和平均油耗，更加容易地掌控您爱车的耗油量。"

第三，把握好演示的时机。在给客户演示我们的产品的时候，一定要把握好时机，不能过早地演示，也不能过晚地演示，客户对某一件商品的了解往往是需要一些过程的，经过很多的竞争对手轮番灌输产品之后，他才会慢慢地了解这个产品，在这个基础上你的产品演示才会有一定的效果。如果这个客户是第一次听见你介绍你的产品，那么你就要慎用你的产品演示。

总之，我们要让客户明确、清楚地知道我们的产品给他带来的效益，只要我们把握好陈述过程中的要点，相信一定会很好地引导客户。

21 有些药吃得太早就没用了（不要过早地阐述你的决策）

我们每个人去拜访医生的时候，医生都会针对每个人不同的症状给予不同的药及不同的剂量，在走的时候也会叮嘱我们在什么时候应该服下，每天应该吃几次等一些细节的问题，而不是将药方给你就完事了。

医生会这么做，很简单，因为他知道这种药的功效在哪里，他知道每一个患者应该在什么时候吃，会有什么样的影响和效果，最终起到怎样的疗效，会不会将你的病治好。

销售人员就是客户的医生，而不同的客户有不同的症状，你要根据不同的症状为客户开出不同的药，你需要做的是提供一些方案，帮助客户解决他们存在的问题，但是你的方案不能随时随地提出，就像医生给患者吃的药，不能随时随地去吃，这样不但没有效果，而且还会出现排异现象。销售人员在陈述你的对策的时候，一定要把握好时机。

要成为一名优秀的销售人员，在适当的时候再说出你的决策，是一项不可缺少的技能，而不是在没有掌握客户真实意思的时候，就盲目行动，在不知不觉中失败。

要想抓住鱼，先按捺住自己

要钓到大鱼，必须先按捺住自己内心的激动、惊讶、烦恼等一切悸动。很多人钓鱼在看到浮子稍微动了一下之后，就立即把竿收了回来，这时发现鱼没有上钩，而鱼饵却被咬掉了一点，这是为什么呢？因为收竿太早，鱼还没有完全咬住你的鱼钩，你却将鱼钩拉了上来，错过了良好的时机。

想一想在我们生活中的小事情，为什么你每次去街头商店买自己喜欢的便宜货时，当你为卖家出的价格感到很“昂贵”的时候，你问他最低的价格，而他为什么总是让你说你心中的最低价，而自己却不说呢？因为，如果他在开始就说出最低价格，你必定还会与他再一次进行价格商定，这样，要么他赔本，要么你不买他的商品，这档生意不会进行下去。

而你在面对客户的时候，也是这样的情况，不要过早地暴露自己的对策。客户了解到了你的对策，又会用新的对策来应对你，因为，人都是不会满足的，商家更是这样，都想追求最大的利润，而你说出自己的对策必然会影响这档生意的进行。

面对每一次失败的销售，销售人员不能总是责怪客户“贪婪”、“不知让步”，因为客户都知道，只要努力坚持，不断争取，就可能使销售人员做出更多地让步，自己也能获得更大的利益，客户都会依据自己的经验争取更多的利益，而且在利益面前，谁都不会放弃，销售人员就应该首先反省自己，有个更好地对策，以免处于被动。

一家公司曾经派出多名员工去推销化妆品，可是同样的商品面对同样的客户，有的销售人员能够将此商品卖给客户，而有的销售人员却不能，这是为什么呢？

第一位销售人员，敲门之后，是一位30多岁的女士开的门，说明来意后，这位女士请推销人员进去了。

她说道："这是我们公司推出的新产品，您用过之后，对于您的皮肤会有很大的改善，而且它含有很少的化学物质，对您的身体伤害很小……"这位女士听完介绍之后觉得挺有兴趣，女士说："哦，听起来很不错，那它的单价呢？"

那位销售人员说："200美元，您感觉怎么样？"

女士："哦，天哪，它太贵了，我想我是不会花上我几天的薪水，来买这些没有用而且还很昂贵的东西……"

最终，那位销售人员就以失败告终。

然而，另一位销售人员却将化妆品在同一位女士那里推销了出去。

这一位销售人员敲开门之后说："很高兴见到您，我是……"

同样，这位女士请这位推销员来到了家里。

看到那位女士很忙，她这样说："您看起来好像很忙，不过，我会在这里等您。"

说完便坐在沙发上等了起来，时间不久，女士便走到她身边，为她倒上一杯咖啡。

销售人员："您好，您真漂亮，不过，今天看起来有点憔悴，您的皮肤出问题了吗？"

女士："哦，是的，我也觉得自己最近没有以前那样热情似火，我也没有时间去打扮自己，皮肤也没有以前好了……"

销售人员："我是XX名牌化妆品的销售人员，我想我带来的有一套化妆品非常适合您，有兴趣适用一下吗？"

女士："好的，没问题。"说着就去尝试了化妆品。

女士："它的效果很不错，我想我会喜欢，我以前也用过这个品牌的化妆品，挺不错的。"

销售人员："那么，您一定相信这种产品了。"

女士："是的，不过，它的价格呢？"

销售人员："每天为自己的皮肤投资1美元，您是不是愿意呢？"

女士："为了自己的皮肤，你说，又有谁不会愿意呢？吝啬不会对于自己。"

销售人员："这套化妆品足够您用很长时间，而且，我也会定期来回访您对于产品的意见，它的单价是200美元，一开始用耳朵听，觉得会是一个疯狂的价格，不过，仔细算起来，也就是每天喝咖啡的钱而已……"

女士："我想我会很乐意买下它。"

从这个例子中我们看到了什么？两位销售人员的差别就在于第一个销售人员在客户没有完全了解产品的情况下就说出了产品的价格，不管你的产品是多么的优秀，首先你给客户的感觉是你的价格太高。而第二个推销员从客户的角度出发，适时地把价格给予分解，这样就很容易让客户接受。

面对客户，有时候你需要等待，在最佳的时机出手，这样你将会省去很多的麻烦，让你的销售变得更加容易。

不要把你的筹码一次性用完

曾经有一家企业为了获得更多的利润，管理人员做出了这样一个决策，给予销售人员10%的优惠权利，以获得更多的客户，拿到更多的订单，并强调只有在没有退路的情况下才能够使用，在这个销售政策执行几个月后，管理人员发现，几乎所有的订单的获得，都是销售人员10%的打折，这让管理人员极为不满意。

很多的销售人员都会犯这样一个错误，为了尽快地和客户签下订单，会过早地说出自己的对策，这样就会极大地损害企业的利益，作为一名销售人员，要做到的就是不能把自己手中的筹码一次性都用完，这样对于你同客户的谈判会有很大的不利，用早了，就不会达到你想要的结果了，而且在很多情况下，会让企业丢掉更多的利润，为什么要做这样不利于你自己又不能给企业带来一点好处的事情呢？

相信同每一位客户谈判，客户最注意的总是商品的价格，总是想用最低的价格获得最多的利益，不太在乎商品的特征，销售人员往往也不会注意，一次性就把商品的特征全部都介绍给客户，最终，当客户再挑剔你的商品的时候，却没有任何可以作为反击的筹码。

比尔是一家企业的资深销售人员，最擅长的就是与客户谈判了。这次，比尔在就自己企业生产的新工艺的产品与鲍伯进行一次会谈。

在比尔将这次的产品作了一个很简单的介绍之后，鲍伯开始了自己的疑问。

鲍伯：“比尔，我想知道为什么这次的商品不像上次的那样，是不锈钢制品？为了省钱吗？”

比尔：“哦，我同意你的说法，塑料，轻巧便宜、方便运输，而且不容易生锈，节约成本，为什么不用呢？”

鲍伯：“你说的有点道理，同你合作不是第一次了，这次的价格是不是太高了，能不能再给我降低一点？”

比尔:“我清楚您所说的，我知道您是我们公司的老客户了，不过，我只能以每件商品单价12.7美元给您，我想这已经是对于您这位老客户的最大宽限了!”

鲍伯:“比尔，你真是幽默，仅仅从13美元降到12.7美元而已，这就是最大的限度吗？以我了解，用塑料做能减少很大的成本，12美元，怎么样?”

比尔:“鲍伯，您是知道的，购买我们企业的产品都会由我们为客户进行一年的质量保证，而且，还免费负责运输，更何况，这次的价格本来定的就是很合理的，您这样做，这次的生意不好进行吧!”

鲍伯:“比尔，12美元的话，现在拿来契约，我就会在上面签字，如果不能降低到这个价格的话，我想我很难同你达成这次的合作。”

比尔表情凝重，心中暗自想到:“我们这次最低的价格就是12.5美元，看来我得用别的方法了”。

比尔:“鲍伯先生，您是我们的老客户，我向我们经理申请一下，我想他会给您一个最低的价格的。”说着比尔就出去给经理打电话了，过了10分钟比尔回来了。

比尔:“亲爱的鲍勃先生，您的面子可真大，我们经理决定给你优惠到12.5美元了，这可是我们公司最低的价格了。”

鲍伯:“看来这真的是最低的价格了，那好吧，按照你们经理的意思就这样成交吧……”

不论是在和对方谈价格还是其他的方面，我们都要给自己留有一定的退步余地，不要过早地说出自己的最低限度。在帮助客户解决问题的时候，也许你的决策很是完美，但是如果你告诉一个对你的产品并不在意的客户或者并不了解的客户，这会有什么用呢?

一个客户只有 1 美元，他的钱只够买一个小杯子，当你听到这位客户是来买杯子的时候你兴致勃勃地向他介绍 20 美元的杯子，这个杯子是如何如何的好，功能是如何如何的强大，也许客户以后会买你这样的杯子，但是他现在肯定是不会购买的。你的目标是解决客户当前的问题和需求，在了解客户的问题之后再阐述你的决策，这是最好不过了。

22 让对方看到额外的价值

超市促销，以低于2袋面包1瓶果酱价格，买2袋面包送1瓶果酱，吸引了很多的顾客，平时很少买面包的顾客这时也都拿了一件，为什么会出现这样的情况呢？那是因为顾客从中看到了额外的价值，也许他们喜欢的并不是面包，喜欢的只是其中赠送的果酱，但是他们还是由于超值的心理去购买这些促销的产品。

昂贵、不值、丑陋、没有效果等等，顾客总是会对于你给的商品挑出很多的问题，好像地球上所有的水都是鱼塘的水，没有纯净的一样。可是很多时候，顾客并不是真正的在挑剔一件商品或者你的服务，而是，他不满足于他所看到的、听到的、现有的或者你所给他的利益，认为以这样的价钱获得一件商品是不值得的事情。只有让顾客看到额外的价值，他才会对你的商品或者服务有不同的看法，才会更容易接受你所推销的商品或者服务。

帮助客户找到你所给的商品或者服务中所含有的额外价值，给他带来的额外好处，当客户感觉额外价值+固有价值>固有价值的时候，难道还不会选择你的商品吗？

当商品的固有利益不能再满足他的需求的时候，只有开发额外价值，才能满足客户需求，最终将你的产品销售出去。

用眼睛看到的不是全部

一只丑陋干瘪的果子，在人们看来，肯定是不甜美的；人们在面对一道颜色难看的菜肴时，就很容易给它判死刑，这就像是人们说的，用外表看待别人一样。客户很多时候，也是用眼睛看一件商品，看它的外在，然而，很多时候，眼睛所看到的，并不是你所想象的，这就是你不知道的能给你带来的额外价值，你所看不到的内在。

每一个人都会有自己的视觉盲区，既然，眼睛看到的不是全部，那么，销售人员面对客户的盲区，就应该帮助客户找到商品的额外价值，让客户用全新的眼光看待他所挑选的每一件商品，而不是对于那块盲区，认为那是不完美，或者不能带来价值。

就像一只苹果，要怎样才能切出五角星呢？很显然，如果用常规的切法，是切不出来的，如果，你将一只苹果横着切成两部分，那么内部的核切成两半就会出现五角星。你就应该成为那个切出五角星的人，因为你的客户可能不知道会切出那样的效果，得要改变他的看法，减少客户购买中的问题，增加对商品的消费欲望。

在美国的西部山区，有很适宜种植苹果的气候，而当地的果农，也因为种的苹果硕大美味，在苹果刚挂上枝头的时候，就已经收到很多订单，这些苹果为果农带来了很大的收益。

然而，今年遭到一些怪异天气的影响，导致即将采摘的苹果受到冰雹的袭击，很多成熟而没有来得及采摘的苹果都被打落到地上，而且伤痕累累，果农不再像以前那样，而是满脸苦恼，喝咖啡都觉得不再香醇而是苦意浓浓，真不知道如何是好，难道，今年上帝就是想让他们赔掉所有的钱吗？客户的很多订单也因此退掉，好多的苹果也烂掉在山上。

有一位果农，很遗憾地走到山上，看着被冰雹袭击的苹果满身伤痕，很难过，就不由自主地捡起一个受伤的苹果，尝了一口，没想到受了伤的苹果却那样的甜，他感觉，他还能将苹果销售出去，他高兴地说：“上帝就是上帝，他给你关着一扇门的时候，又会为你打开一扇窗，我有救了……”然后离开山上。

回去之后，他也仿照以前的果农那样，给了当地报社一笔钱，在美国的报纸上发布一则广告，美国西部遭受冰雹袭击的苹果，虽然丑陋，反而因为冰雹而异常甜美，欢迎到此免费品尝。

一则广告发出去之后，由于人们的好奇心，果然吸引了很多人们专程到此品尝，苹果确实味道更加甜美，受伤苹果也因此名气越来越大，因而吸引了很多大的水果商家以更高的价格购买苹果。

很快，受伤的苹果，不仅没有让果农赔掉，反而在很短的时间内以一个很好的价钱销售出去了，果农也赚得更多的钱，对明年的苹果更加有信心。

如果是你看到一些满是伤痕、丑陋干瘪的苹果，你会选择它作为你今天的水果补充营养吗？你肯定不会，每次去超市买水果，人们都会选择颗大，饱满，漂亮，让人第一眼看到就很有食欲的，而不是这些丑苹果，这是每个人都具有的心理，就像是一颗很大的钻石，如果被淤泥包裹着，你会认为那是一颗钻石吗？当然不会，你需要清洗掉那些淤泥，让对方看到最美好的一面。

果农面对这些丑陋、满是伤痕的苹果，能将它销售出去，就是因为他没有像消费者那样，只看到苹果的表面就去衡量它的价值以及会给人们带来的美味，而是用他自己尝到的美味告诉对方：“这种味道是多么的美好，你可以尝到不一样的口味。”

一位销售人员也应该如此，如果客户只看到了表面，你应该让客户看到更加美好的内在东西，要客户自己感受到一件商品带给他的不仅仅是你所说的那些好处，当他意识到额外的价值的时候，谁不会去选择它呢?

“眼睛看到的不是全部”，无论你销售的是什么商品，首先你对你的商品要有信心，帮对方找到它隐藏的价值，告诉对方这会给他带来不同的感受，你的商品比别人的商品更具有价值，更具有诱惑力，这样客户一定会选择你。

你会帮客户找到暗处的价值吗

一个罐子放在一个教室的中央，所有的同学都去画，最终，一位将圆形的罐子画成了不再是圆形的同学获得了第一名。这是为什么呢?原来他坐在教室的前排靠边的位置，从他那个角度看，罐子就不是圆的了，因为不同、因为他的发现，所以他得到了第一名。

日常生活中也是一样，作为一位销售人员，你和客户站的角度应该不同、立场不同、了解不同，你看到的东西应该更加地全面更加地精细，就像那个罐子，客户可能只是从正面去观察它，而你已经全方位地观察过它，你知道从其他角度去观察会有什么奇异的效果，那么你就要将这种效果告诉你的客户，也许这就是能够打动客户的额外价值。就像是有的客户只知道电饭煲能煮米饭，他可能不知道还能够炖肉、做汤等功能，那么你就需要把这些告诉客户。

客户不会像你一样对你所销售的商品了解得那么透彻，因为，客户没有你那么专业，他不是推销人员，你是，你就要让他看到他看不到的地方，找出一件商品能提供给他的额外价值，就好像，在暗处找到珍珠，找到一件商品上发亮的地方，而不是让客户认为他所得到的就是这些，不会再有惊喜。

就像很多大型的商家在销售商品的时候，总是会给客户提供一些服务，赠送一些相应的产品以及带来更多的优惠等等。

在一家超市里，有一位家庭主妇刚搬了新家，想要为家里选购一些厨具。

销售人员在她走进超市的那一刻就注意到了她，只是没有在第一时间就打扰她，而是给了她随便看的时间，这时她走到一款电磁炉前面停了下来。

销售人员："嗨，有什么可以帮到您的？"

女士："哦，是呀，我想要一款电磁炉和一些其他的厨具，不过，习惯了天然气，我不曾使用过电磁炉，不知道它怎么样？"

销售人员："哦，是吗？电磁炉会比天然气更安全，节省时间，而且还更环保，不会对自然界造成什么污染……"

女士："哦，是呀，你说的有道理，哦，我感觉这款不错！"

销售人员："这是刚到的新款。"

女士："它看起来很漂亮，不过，它的价格太昂贵了。"

销售人员："它的价格可能是有点贵，不过它的功能很多，您用它不仅能做菜肴，而且还可以煲汤，吃火锅，烤牛排等……"

女士："哦，是吗？那实在太好了，不过我今天只想看看，我想等到了暑期再买，会有优惠的。"

销售人员："一般是这样的，不过您所看到的这款电磁炉是新款，现在正是它的优惠时间，我们会赠送给您一口无烟平底锅，一些菜肴的食谱，而且还会有一些其他的厨房用品，免费赠送给您这些东西，比您用再怎么低的价格买都会划算吧……"

女士："这样确实比较划算，不过我听电视上说它是有辐射的。"

销售人员："是的，您考虑得对，不过，我想您肯定不知道，它的辐射小到什么程度，它给您带来的辐射是我们平日用的手机的辐射的几千分之一……"

看到这位女士有些犹豫，销售人员接着说："而且，您在我们这里买的家电商品，我们会给您提供免费的 3 年保修时间……"

女士："我觉得这确实也挺划算的，那你帮我挑一个吧……"

很多客户都会出现像那位女士那样的状况，只会专注于价格和她会获得的价值，而忽视一件商品同时给她带来的额外价值。

芬兰学者格鲁努斯有着这样的观点，核心消费价值是客户感知的核心产品或者服务的利益与他们为核心产品或者服务支付的价格之差。例如：企业迅速地为客户服务，服务人员关心客户，帮助客户，顺利地做出一些补救性服务工作，做好售后服务，对客户定期地回访，都可以提高客户感知的消费总价值，客户感觉到额外价值，就会增强他的购买心理。

法国营销学者，霍罗维茨也曾指出，企业可增大、扩大、增加产品或者服务为客户提供的利益，企业扩大客户获得的利益是指通过附加的服务，为客户提供更多的利益，解决客户在整个消费过程中面临的问题。这样做，也是为了让客户看到那些在暗处的价值和隐藏价值，而不是仅仅对于他所看到的商品进行一个衡量。如果看到了更多额外价值，客户手中拿到的价值越来越多，他没有理由不选择你的商品。

作为销售人员，你应该清楚你的额外价值，要让消费者感受到你所提供的商品或者服务还能为他带来多少额外价值，如果客户不满意你提供的商品，必定是他所感受到的价值太少，或者是由于你没有让他看到商品的额外价值，那么，你是不是应该考虑一下，怎样让你的客户看到商品的额外价值呢？

第五章

“好吧，我想这没问题”——这是令人兴奋的进展（获得承诺签单）

在整个销售的过程中，最令人兴奋的莫过于就是获得客户的承诺——签单！

你漫长的挖掘客户资料，不断明确客户需求，长久的抗战似的谈判，一遍遍与客户敲定新的执行方案，多少时间穿梭于公司与客户会面，这一切的艰辛，都会在你拿到客户承诺签单的那一刻消失全无，你或许会尖叫着跳起来，或许，想现在就和朋友约好晚上去喝杯威士忌……

这样的结果是每一销售员都向往的，然而在听到客户这句话之前，就有很多的方法和技巧需要我们去掌握。

如何才能让客户“是”到底?

怎么样才能不让价格成为你与客户成交的障碍?

遇到客户的异议怎么办?

如何让客户的承诺更加的保险?

面对大生意，如何让其快速地兑现?

……

这些都是在获得最后的承诺之前会遇到的问题，也许面对这些问题你有自己独特的一套答案，但是，如果你希望让自己的答案更加的完美，让这些问题都能够顺利地解决，那么，在这一章中，我相信能够找到答案。

23 多问让客户说"是"的问题

每一位销售人员在与客户谈判的过程中，多少会遭到客户的质疑，不是每一件商品都会顺利地销售出去。"这件商品的价格太高了""我不喜欢它的款式""我不想现在就购买这件商品增加我的额外开支"等等，面对客户这些质疑，你又将如何处理呢？

客户总是会找到自己不喜欢的某件商品中的毛病，或许并不是真的不想购买这件商品。面对客户总是说"NO"的，有一个非常有用的方法来应对这样的问题，就是多问能让客户说"是"的问题，让他有更多的机会了解你所销售的商品，而不是在最短的时间内就一盆水将你泼走，如果这样，你接下来再怎样好的介绍和推销的手段也没有发挥的舞台了，不是吗？

多问让客户说"是"的问题，是在谈判的时候，第一个将客户留下的手段，每一位销售人员都应该学会这样，而不是谈判刚进行，客户就表现得对你的商品不再感兴趣，或者被你说的价格吓得快步走掉，这都是没有给客户一个好的开始造成的，也是"良好的开端就是成功的一半"的道理，多让客户说"是"，接下来，才能与客户谈论价格，才会有获得客户承诺，获得签单的机会。

变"不"为"是"

"有人在家吗？我是汽车公司的，今天，我是因为轿车的事情来拜访您的……”

“车，哦，对不起，现在手头很紧，我想还没到买车的那天。”

很显然，客户回答了“不”而不是“是”，然而，一旦客户否定了你的问题，再让客户对你的商品肯定，这对你来说就不再是一件容易的事情。因为，在刚开始，他就没有请你到家里坐下来喝杯咖啡。

作为一位销售人员，在面对客户的时候，让你的客户购买你的商品或者你的服务，绝对是你的终极目标。首先你要让客户先肯定你所说的话，而不是你一开口就遭到客户的否定，无疑这对你来说，是最为不利的事情，随之而来的也会有一个不利的进程和结果。

那么，在了解客户的时候，能让客户以肯定的形式回答你的问题，对于你接下来的一切都会有一个很好的保障，至少，他没有在最开始的时候就拒绝了你，他没有回答“不”，这就是一个好的开始。就好像在一次与客户的谈判中，如果有这样的开始会不会对你而言比较顺利呢？

卖方：“您以前是用过我们的产品的，它的效果很好，是吗？”

买方：“确实，有很大的效果。”

卖方：“我们公司生产的商品对您的帮助很大，而且，服务的质量一直没有下降，这也是您一直都看到的，对吗？”

买方：“是的。”

卖方：“以您现在的资金实力，我能为你带来ＸＸ收益，相信您一定会感兴趣的，对吧？”

买方：“如果真像你说的那样的话，我想我会感兴趣的。”

看到买方的犹豫，没等到他说“但是”，又进行了下一步的问题。

卖方："下面我将给您演示一下我们的产品，您看……还有您看……是不是呢？"

买方："你说的确实没有错，我想我还真是需要它的。"

在这次的谈话中，销售人员其实问的都是一切很明确的问题，客户通过回答这些很明确的"是"的问题，渐渐地对商品也产生了肯定，这样就会更加容易地帮助我们完成销售。

这些都是面对客户的一些对策，销售人员在一开始的时候，不能直接说出让客户厌烦的话，才能获得同客户继续聊下去的机会，也会获得更多客户的想法，同时，也有利于你进行以下的会谈。然而，在面对客户不得不说明你的来意的时候，又要怎么说呢？有很多时候，我们通常还会半夜接到一些推销人员销售商品的电话，大多数我们都会气愤地挂掉电话，继续进行美梦，然而，有的销售人员却能获得一个与客户见面会谈的机会。

曾经，有这样一位推销人员是这样获得与一位老板见面的机会的。

销售人员："喂，请问您是XX老板吗？"

老板："你是疯子吗？半夜还打扰我宝贵的休息时间……"

刚准备挂电话，而销售人员的一句话，却使老板感受到拿出一点睡觉时间听这位销售人员的话，值得。

"我没有疯，试想一下，如果您的员工都像我这样努力工作，或许您早就是亿万大亨了，不是吗？"销售人员这样说道。

老板："是的，小姐，你说得很有道理。"

销售人员："老板，我是XX公司的，我们这里有一些如何激发员工的工作激情的产品，您有没有兴趣听一下，如果有的话，我们明天或者后天当面会谈吧……"

老板："好的，明天9点吧。"

销售人员："好的，明天再跟您联系，现在不打扰您休息了……"

这位小姐之所以在深夜还能获得一位老板的赏识而没有被挂掉电话，就是因为她拥有一个很好的开始，她没有给老板说否定的机会，而是说出了老板关心的问题，从而没有给对方反对的机会，从而获得一次会谈的筹码，这就是让客户说"是"带来的结果，如果那位小姐还是一如既往地像平日里那样推销，她不会有一个这样的机会的。

变"不是"为"是"就是想达到这样的效果，在面对客户的时候，希望每一位销售人员都要在心里想一下，怎样才能让客户少说"不"多说"是"或者不说"不"，那么我们就要在心里准备一些没有办法说"不"的问题，有了准备才会更容易应战。

怎样说，怎样问，都是销售人员应该关心和学习的问题，学会了提问题的艺术，你就会为你的客户展现出一道独特的美食，让他有想尝试一下的欲望。

"哦，是的，你说的很对。"——你要的就是这样的回答

你的问题，能让客户有上面这样的答案，那么你同客户的会谈

兴趣，引导客户对你的产品肯定，而不是过早地讲出你的对策，或者讲出商品的价格，或者不停地说商品的特征，这些大多都会引起客户的反感，会让他觉得你是在强迫他们一定要选择你的商品或者服务，如果是这样的话，你就是一位失败的销售人员。

问一些客户感兴趣的话题，逐渐推进，不想让客户说“不”最好的方法只有避免客户说“不”，这是比什么都好的决策，而这个决策能否很好地进行，主要就在于你，在于你作为一名销售人员会不会选择问一些更有价值的问题，让你的客户给你肯定的回答。

一些好的问题，或许会让你同你的客户成为好朋友，会让你在交流中增进对客户的了解，会让他记住你，记住你的商品或者服务，最后，让他选择你的商品或者服务。在客户满意的情况下，他会向他的家人、朋友、同事推荐你的商品或者服务，就像一位客户在吃你做的炸鸡翅，别人在很远的地方都会闻到香味，进而从他那里打听到你的美食。

24 谈价格就像吃面包一样简单

为什么会说谈价格会像吃面包一样简单呢？是因为价格不是销售的决定因素，就像你吃面包因为噎了一下，喝一口牛奶就会将面包顺利地吞到肚里这么简单。面对客户谈论价格，这其中遇到困难一点也不意外，客户就是想让你将价格再降低，化解了这个困难，就像喝一口牛奶一样，接下来就是很顺利的事情了。

任何一位销售人员在做销售的同时，对于其他商品也同样是买家，当你购买他人的商品的时候也会与他人谈价格，同样的道理，面对客户，“哦，天哪，你给了我一个疯狂的价格”之类的话，只要站在客户的角色，揣摩客户的心理，必定会为你与客户之间谈论价格带来很多便利之处。

同样，无论你给客户一个你认为多么合理的价格，他还是会一如既往地说这个价格太昂贵。因为他是买者，他是从兜里拿出钱的人，当然价格越低越好，为了不陷入同客户的“价格战”之中，就是要将价格转化为价值进行谈判，作为一名销售人员，要充分相信你的产品。

客户永远不会说“这个东西真便宜”

某一名牌服装店的新款服装上市，市场定价为400美元，人们的第一反应就是“这是一个疯狂的价格”，如果生产商从市场得到了广大消费者的不满，下调价格，而当价格下降至200美元，还会有人说“昂贵”。那么，如果再降价又会出现什么样的后果呢？降至180美元时，人们口中仍是“昂贵”的字眼。

不言而喻，作为一个销售者要永远记住，客户在任何时候，都会说“这个东西真贵”，即使很多时候，他认为这件东西的价格很合理，自己还在心里暗暗窃喜，可是口中还是会这样说。所以，我们销售人员要做的就是把这种“高价格”的产品销售出去。

在这个世界上，你很少会遇到能用最少的钱买到最高品质的商品的事情，即使超市里的商品打一折，它也会有利可图，因为每一位商家都不会做赔本的买卖，这也是市场价值引导的真理，也就是我们所说的，一杯咖啡有一杯咖啡的价钱的道理。就像，我们永远无法用买雪佛兰的价钱获得法拉利的享受。

在日常的生活中，每销售一件商品，被客户提到价格是最为正常的事情，就像每天都要喝咖啡一样，如果客户每买一样商品都像在自动销售机里取东西一样顺利轻松，你还会愁自己的东西卖不出去吗？不会！可是，对于价格的挑剔本身是不重要的，而弄清楚挑剔价格背后的真正原因，才是作为一名销售人员最应该做的。

当客户对于价格感到不满时，为什么要和他争辩呢？不要感到厌烦，而要感到高兴，热情面对才是。因为只有对于你的商品感到充分的兴趣，他才会注意到商品的价格，如果他没有意愿购买你的商品，为什么要白费唇舌浪费时间同你谈论价格呢？

突破价格障碍，对于销售人员来说并不是一件难事，只是因为客户太注重于价格对于自己心理的影响，如果你有办法让他注重到这件商品为他带来的价值有多大，那么他为什么还要吝啬那一点钱而不去买你的商品或者你的服务呢？

贝奇是一位魔鬼训练课程的推销员，也是一个潜能开发大师，在一次讲课之后，有一位学员非常兴奋地在后面等着她，那位学员激动地握住了贝奇的双手说：

“贝奇老师，您太棒了！”

当贝奇还满是疑惑的时候，那位学员接着说：

“您讲得太棒了，我很有收获，我要向您学习……”

“我知道，您是一位非常棒的推销员，只要听过您的课程的人员都一定会报名，所以我是来挑战您的，我要知道，您会怎么让我报名？”

“好，我今天中午的使命就是帮你报名。首先，你带钱了没？”

“没有。”

“有没有带卡？”

“有，但是这张卡里的钱，我要用做春节回家看我的爸妈，我已经几年没有回去了，所以，这些钱不能给您，我就是来挑战您的，看看今天您用什么办法让我和您成交。”

“哦，天哪，你是慕名而来的？”

“是的，您说的没错。”

“那好，我现在告诉你听了我们的课程会有什么样的好处。”

这位学员说：“不用说了，我知道你们课程的好处，问题是我觉得你们的学费太高，我现在没有那么多的钱，您看怎么办？”

贝奇说：“好吧！你想成为百万富翁吗？”

学员：“当然想啊！”

贝奇：“那么你想好怎样去成为百万富翁了吗？”

学员：“还没有，不过我正在寻找。”

贝奇：“你刚才说，你听了我的一节课很有收获，对吧？”

学员："是的，可是我没有钱再听您下面的课了。"

贝奇："你相信听了我的课你就会找到成为百万富翁的方法吗？"

学员："不敢肯定，但是我想一定会有帮助的。"

贝奇："试想一下，如果你听了我的课，有一天你成为了百万富翁，就等于你用了这么一点学费换成了百万，你觉得划算吗？"

学员："这个……"

贝奇："用最小的价值换取最大的成功，这是每一个人都会做的，如果你成了百万富翁你还担心没有钱去看你的父母吗？"

学员："您说的太有道理了，我决定放弃回家看父母的机会，学习您的课程了。"

贝奇相信她的课程能够改变那位学员的生活，会给他日后的人生带来多么大的转变，创造更多的价值，而这些价值与那些学费比起来根本算不上什么，不是吗？

这位学员发现了价值的巨大，那么他还会认为贵吗？显然不会，这位学员觉得很值。这不也是我们要学习吸收的销售秘诀吗？相信自己的产品，相信它给客户带来的价值和收益会是它本身几倍，十几倍，几十倍的放大，让客户意识到这些，让客户感受到这些，那么，他还会与你谈论那些"无关紧要"的价格吗？

最好的就是最贵的，最贵的就是最便宜的

我们都会有这样的体会：用10美元买一双鞋，或许你穿了一个

星期、两个星期、一个月，最后都会出现很多的问题，让你无法忍受，你再用10美元买一双鞋的话，或许，又只有一个月的寿命；后来你花了50美元买了一双名牌鞋，即使你每天都穿着它跑步、打球，估计它的款式过时了，但它仍然是那么的结实，你还是那么的喜欢它。

曾经在一期电视节目上看到，一位先生的车子的轮胎丢了，可能是被人偷走了，他却去警察局报案了，看到这里时，也许你也会和我一样惊讶得张大嘴巴，接下来才知道，轮胎是那位先生刚购买的一辆不错的宝马车的轮胎，一只轮胎就价值7 000多美元，而如果你的价值100美元的车的轮胎丢了的话，你也会去报案吗？绝大多数人都不会这么做吧，因为那只轮胎不会有宝马车轮胎的价值大。

奔驰、法拉利那么昂贵的价格，为什么还会有那么多的人选择去购买？有时候，不是所有的人都是奢侈的，而如果哪一天，奔驰会和一辆普通的雪佛兰的价格一样的话，人们还是会选择奔驰而不是雪佛兰，这是为什么呢？因为人们要的不仅是奔驰能给他带来多少的荣誉与炫耀，更是因为它们的使用价值远远地大于自身价格的价值，这样相比较的话它们应该是最划算、最便宜的。

这就是原因所在，从一个侧面反映出了最好的就是最贵的，最贵的就是最便宜的。虽然，从表面上看起来，价格和价值有时候并不是平等的，让客户明白最便宜的有时候不一定是最好的，而最贵的有时候确实是最便宜的。当客户对你产品的价格产生质疑的时候，你需要的就是从这个角度去说服客户，让客户明白产品的核心价值所在。

在我们的日常生活中，很多的商品在我们买的时候觉得很贵、不值，当我们用了几十年之后，回过头来再次看到这个商品的时候，它还是那么的耐用，这时我们才会觉得原来这个东西是很便宜的。一个销售人员就是要让客户提前感受到这种感觉，这在价格问题上具有很大的说服力。

当你客户感觉你的商品或者服务很昂贵时，就要注意销售的方法和技巧，不要过早地说出商品的价格，化整为零地为客户介绍商品也是一种有用的方法。比如，客户问你价格的时候，你可以说这种商品的价格有几十，到几百美元不等的价格，是一种很好的化解办法；再如价格很高的化妆品，你可以说，每天为自己投资几十美分，几美元，十几美元，而获得美丽肌肤的事情谁都会做，不是吗？然后再说，这些化妆品有多久的使用时间，最后再说价格，客户是不是更容易接受？

在大生意中，与客户谈判的时候，价格必然是双方谈论的焦点问题，不在最开始的时候就说出最低价格，相信这是每个销售人员都有的常识，然而谈判却还是有可能陷入僵局，这时，这些话或许可以帮你缓解局面："我的让价的权利是有限的，您说的这个价格，我需要请示我的经理"，过后，可以说"刚才我向我们经理申请了您刚才说的那个价格，由于您是我们的老客户，我们经理向老板申请到了两个点，这可是我们这个产品面世以来的最大优惠啊！您的面子可真够大的！"这在我们的销售中是最常用的一种方法。在一些大的生意中，客户可能会采用竞标的方式采购产品，这时你面对的将有很多的竞争对手，就算是你的价格已经是最低了，但是对手的价格还是比你的低，怎么办呢？这时我们就要用质量、服务、技术等各个方面的展示来弥补价格的不足。分散客户对价格的注意力，把客户的注意力引导在我们产品比较优秀的一面，继而让客户肯定我们的产品。

谈价格的方式有很多，最终的结果就是消除客户对价格的异议，我们始终要让客户感受到，最贵的就是最好的，最好的就是最便宜的。

25 “我想事情不像你说的那么简单……”——异议的处理

对于推销人员而言，要想将商品或者服务销售出去，就好像是将一壶凉水烧到100°，在100°以前必定会经历99°，即做好市场调查、客户资料收集、选择目标、制订计划、会面客户等等一系列前期的开发性的工作，最后的这1°，则是与客户交流，消除客户对于你的商品或者服务的疑虑与谈判中的异议，最终，与客户达成一致，将自己销售的产品或者服务推销出去。然而，很多推销人员，往往都做到了99°，而在面对最后1°的时候，却不知所措。

很多时候，当推销人员在面对客户的时候，看起来客户表现得很认真，积极地听着自己所讲的话，事情看似风平浪静，但是实际上，却没有自己想象的那么顺利，因而错失客户的情况并不少见。因为，事情并不像你说的那么简单，你所说的，客户也并没有真正听到心里，问题就在于，你与客户之间，还有异议没有得到解决。

或许，你会说我在日常的推销中，一直是态度很好地与客户谈论价格，解决他们的异议呀！价格问题是异议的一种，但是，异议并不只是价格这一方面这么简单，它包含很多方面或许你都没有注意甚至有的还是你不知道或者不了解的。然而有些异议却是自己无论做出怎样的努力都无法解决的，无法满足客户的，你又该怎么办呢？

承载不了的重量可以多用一些工具

当客户在你面前的时候，你很有幸能同他合作，他也愿意同你签单，可是，当他将最后一个要求说出口的时候，你却发现，你对于他所说的那个条件根本无法满足，可是你又不想失去这次难得的机会，你会怎么做呢？抽身而退吗？这样的话，你就不是一个很好的推销人员！因为，你不具备推销人员所具有的素质，连尝试一下都不愿意去做，那么，又怎么会达到自己的成功呢？

有时候，面对客户的要求就像是用一辆小车来装一堆苹果，老板可能会说：谁能一次性地将苹果运到指定的地方，就给谁这次的报酬，在一定的时间内运送到就给报酬，可是你的车子只有那么大，你又如何是好呢？那么你就要想一些方法，比如一下子装不了可以装两次，没有那么大的车子，也可以去找，去借，去和他人合作，一起完成这样的任务。有才能的也可以劝老板，可不可以多给一些时间，给他讲晚一点运到，一样不会耽误他什么工作等等，总之，当你面临这些困难的时候，第一反应就是行动，而不是“我没有办法做到”。放弃一些自己认为不可能做到的事情，比什么都可怕。

有的时候，并不是说你没有处理解决这个异议的能力，只要你适当地处理，就不会让这只煮到七成熟的鸭子从你手中飞掉，用一些对策处理这些事情，有时候也会达到扭转局势的效果。做到这些，对于你来说，有很大的困难吗？看看别人是怎么做到的。

一个大型的经营收割机买卖和租赁的成功人士乔治想要在仲夏来临之前，购进一批新的收割机，因为他的旧机器和少量的新机器已经不能够满足他的客户对于收割机的需求了，他正在与一家收割机的生产商布鲁克进行最后一次会谈。

乔治：“我想，如果我和你之间没有别的什么问题了，我就要说我的最后一个要求了。”

布鲁克：“噢，太好了，我想我能预料到您要说什么问题，什么时候完成这批机器的生产，是这样吗？”

乔治：“是的，布鲁克，你真是聪明，不过据我了解，你不可能赶在我所要的时间之前，而这将对我是一个损失。”

布鲁克：“是的，您所说的时间，我确实不能达到，我也知道，提前一周或者两周对于您而言，会有一定的好处，但是您也知道，美国这个时候，常有龙卷风的侵扰，而且，在七月份，麦子成熟的季节，也会常有暴雨的影响，收割的速度会慢下来的，您考虑过这些问题的存在了吗？”

乔治：“是的，你说的很有道理，可是，有更多的利益可以去赚取，为什么不去选择呢？”

布鲁克：“我知道，每一位商家都想获得最大的利益，但是我们必须保证它的质量，我们不能交给您一个质量不过关的产品啊！我想您也不愿意花钱买这样一个产品，是吗？”

乔治：“是的，质量确实非常重要，但是我也关心是不是在麦子成熟的时候，我就有机器投入使用，这也是至关重要的。”

布鲁克：“是的，我理解，可是您对于机器的质量和个性化服务的需求也是不可缺少的，不是吗？比如：对于机器如何更好地投入使用，如何更加节省油量，对于目前您的资金管理方面，您不也说过，我们的个性化服务对于它很有帮助吗？”

乔治：“是的，这些方面，我们很需要你们的支持。”

布鲁克：“既然这样，我们就需要把它做得非常的完美，这需要一定的时间，我想您是愿意接受的，对吧？”

乔治：“哦……好的，事实上，我也得好好的研究一下，对于这个问题我相信你们会给我最好的……”

可以想象，在最后乔治与布鲁克肯定会达成协议，这就是布鲁克的成功，在面临自己没有能力给予的服务时也能让客户签单合作，我们从布鲁克这次成功的处理异议中能得到哪些经验呢？

面对客户所说的异议，布鲁克最先做出的姿态，就是承认，而并没有在第一时间找出一堆理由来搪塞，这种敢于承认自己能力有限而且放低姿态的人，是每一个推销人员都应该学习的一点。

对于自己没有能力解决的异议，布鲁克在找出了一些客观原因的同时，也找出了自己无法满足客户的要求对于客户的影响的因素，而在我们的推销中，找出一些客观条件为自己无法解决这些异议是很有帮助的；同时，为客户提供一些减轻日后损失的条件，同时做出一些其他的事情来弥补或者降低损失，也是很有帮助的。

布鲁克抓住适当的机会，不断地强调自己的个性化服务和质量的重要性，让乔治逐渐意识到个性化服务对于他的重要性和帮助，这就让客户觉得有些问题和自己的异议相比并不是很重要，这样客户内心的异议就会有一定的倾斜，最后将客户的异议消除。

你想要的那块可口面包很大，但却有了斑点

人们总是不会满足于现有的既得利益，同一个人合作所得的利益的同时也会不断地有新的关注点，他认为他所关注的会给他带来

一定的利益，这就是为什么当你在同客户谈判，客户总是会提出很多问题，会有异议的不断出现。就像他同你合作，你能带给他一个一般大小的面包，然而，他却注意到远处还有一个更大的面包，所以会有让你改变合作的计划，而获得更多的面包，然而他却没有注意到那块大面包看起来很可口，但是，它已经开始发霉变质，甚至有了斑点，不再适合食用。

然而客户站的角度是不可能看到面包上长的斑点的，由于利益的驱使他已经不再平静了，那么你就要让他看到那块面包的真正价值，得到他的认同之后，他一定会从你那里选择那块小点的面包。

罗瑞是一家化妆品的推销人员，正在与一家大型超市人员进行一个长达数小时的谈判。

罗瑞："老板，您觉得销售我们公司生产的化妆品会怎么样?"

买方："我做为一名消费者，感觉你们公司的化妆品很不错，可是对于大多数消费者来说，就不一定会接受了。而且最近我的公司资金管理有一定的困难，恐怕不能马上大批量地销售贵公司的化妆品。"

罗瑞："我想您是了解我们公司的产品质量的，就像您身上的名牌衣服一样，衣服是名牌的就会贵，化妆品也一样，不是吗？名牌对于产品的质量会有更多保障，对于您这样的大公司，资金偶尔出现问题那是很正常的，但是我相信通过我们这次的合作，您的资金一定会更加有保障的。"

买方："我从来没有同贵公司合作过，不知道贵公司的情况，和你们合作，大批量的订货会有一定的困难……"

罗瑞："您说得有道理，毕竟我们都没有正式地合作过，对于我们您可能不太了解，××超市，现在卖的也是我们的商品，销量很好，这个我想您是知道的。"

买方："是的，我知道，不过化妆品只是少数女性关注和购买的商品，而且价格昂贵，我想把资金还是多投入到一些别的地方，这样更容易带来经济效益，而且，销售其他的商品会比销售化妆品更容易，你说呢？"

罗瑞："您说的有道理，其他商品是一定要有的，我们产品的优势相信您也看到了，在这个地区我们只与您一家超市合作，您有别人没有就是优势，而且我们选择与您合作主要还是考虑您的实力和位置，特别是，靠近居民区，还怕没有漂亮的女士购买吗？"

买方："你说得对，这是一个很好的机遇，可是，也有其他的公司对于类似的化妆品进行推销的，我感觉他们出的价格更为合理……"

罗瑞："哦，是吗？也许现在看来您与他们合作会得到更多的利益，可是他们的商品有我们的知名度高吗？会获得更多消费者的喜爱吗？而且我们提供了针对我们公司产品的销售策略，信誉好的产品更能赢得消费者的喜欢，您说呢？"

买方："是的，我想我明白这一点，那么，是否我们是贵公司的商品在这一区域的独家代理呢？"

罗瑞："我知道，贵公司是第一次致力于这片区域，第一步，是将商品销售出去，让消费者喜欢您的商品，从而获得利润，而不是在开始的时候，就在一个商品销售的权利上获得了资格，这样也可以减少贵企业资金的支出，如果在后期的销售中获得了很大的利润，我们的化妆品得到了大家的认可，再谈论独家代理的问题，不是更合适？您说呢？”

买方：“好吧，听起来不错。”

……

我想罗瑞肯定会圆满结束这一次的会谈，必定会拿到这位老板的订单，因为他在面对这位老板关注的利益的时候，承认了老板的合理的关注性。对于有些不利于那位老板利益的地方，罗瑞肯定了他们之间异议的合理性，同时也指出了其中存在的问题；对于产品的销售问题，罗瑞让这位老板看到了更深的利益，更深一层的将两个产品带来的不同利益作出了比较，这让罗瑞具有了更多的优势，当然这也更加肯定了自己将要得到的利益。

26 口头承诺并不等于立刻签单成交

当你有一套房产需要出售的时候，你可以和A、B、C、D等很多人谈关于这套房的价格，并可以和他们达成口头协议，可是最后你却选择将房屋出售给哪一位先生或者小姐，这对于你来说没有任何的损失，可是对于A、B、C、D他们几个人来说，有的和你达成了口头协议，而你却没有卖给他，他们可能会有一定的怨言。如果当时你和A、B、C、D其中的一个签订了协议的话，你还会将房子卖给其他先生或者小姐吗？显然你是不会的。

在销售中，客户面对你的推销，毫无吝啬地说“我会买”“我会与你签订这份契约的”，可是，这只是客户口中说的一句话，并没有真正的与你签单成交，做出一个口头承诺好像对于客户来说并没有什么大的损失，他不会将自己做出的一个口头承诺看做是一份协议书，不会立刻就签单成交。

获得了客户的口头承诺并没有立刻签单成交的时候，是最让销售人员苦恼的事情。然而，在你拿到客户的口头承诺的时候，你还在为自己又将获得一份收益而偷偷窃喜吗？有没有意识到或许客户只是口头说说而已，或许他会预期签约，但他也可能不会和你签单，没有契约他不会赔偿你任何损失，不是吗？这时你要做些什么事情让客户尽快签单，做成这笔生意呢？

你能分清水底哪一只鱼真的对于你的鱼饵感兴趣，而不是在故意地逗你玩吗？

从表面看到海底

如果一次会谈不能使生意向前推进的话，那么这次会谈对于你来说是没有意义的，无论在你和买方看来这次会谈是多么的愉快。你的客户给了你口头承诺，给了你肯定的答案，你会满足这些吗？或者，这只是海市蜃楼呢？有时候，人就是因为满足于表面现象，而不进一步行动，等着客户来给你答复，而错失一位客户。

不能从表面看到深处，看不到客户真正的意图是什么，对于一位销售人员而言是非常不利的，如果你不知道深处有些什么，你又怎会知道他会不会真的与你签单呢？他有没有购买欲望和实力呢？你都无从知晓，这样的话，口头承诺就是一句空话，这不等于你已经拿到了签单。就像有个人来你的咖啡店找人，而你坚定地认为他是你的客人，于是你给他泡上了一杯咖啡，但是他坐了不久却起身离去，“见鬼，怎么会有这样的小子……”，再怎样责骂对于已经泡过的咖啡也没有办法挽回了，不是吗？

贝克从阿拉斯加州的一个小镇来到纽约两年之久，为了有更好的生活，方便的工作，想问邻居克利福德借一笔钱为自己购买一辆新车。

“嗨，克利福德，天气真好，不是吗？有什么高兴的事吗？看你满脸笑容……呃，我想买一部车，只是还差你这一笔钱，不知道你能不能借给我 10 000 美金呢？”

“哦，贝克，如果你是上个月来的话，该多好，我刚为家里选购了一些家具，有了一笔不小的支出，而前不久，约翰从我这借走了20 000美金，一个月后还，所以，很抱歉，我帮不上忙，不过，如果你可以等的话，一个月后，我可以借给你……”

“哦，很高兴你能帮忙，我不打扰了……”贝克走在回家的路上心里还在暗暗窃喜，这下，也可以给自己添置一台新的电视机了，或许他根本就没有意识到，克利福德根本就没有借给他钱的意思。如果一个月后，克利福德说他投资失败，钱被银行拿去做抵押，贝克也不会有什么办法。

虽然借钱不像同客户谈判，不过对于客户的口头承诺，每一位销售人员都不能够满足，记住你需要的是签单。如果你的这位客户根本没有同你签单的意愿，而是不好意思直接拒绝你的话，那么这样的承诺绝对是没有意义的。

有时候你可能还会遇到这样的情况，客户昨天做出的承诺，第二天，当你再找到他的时候，他也许会忘记得干干净净，这时候你就要重新开始你的说服工作了，这是一件多么麻烦的事啊！如果当时你和他签订了合同的话，相信以后的事情会非常的顺利，对于这样的客户，我们需要做的是就地解决，不要让今天的饭菜隔夜，过了今晚明天可能会是另一个世界。所以，一名销售人员今天能签的单子不要等到明天或者不要轻易相信对方口头的承诺。

曾经有一位年经漂亮的女士叫露丝，她挨家推销一套化妆品，而且有了相当惊人的成绩，她是怎样做到的呢？

起初露丝在向每家的太太推销产品的时候，很多太太都会说：

“我先生现在不在，我想等他回来了再购买。”或者“我会购买你的产品的，可是不是现在……”最后她觉得这样下去是不会有什么效果的，于是她想出了一个办法，利用产品的优点和特点，在给客户介绍的时候，首先尽可能地激发客户的兴趣。

这天露丝来到了一个客户的家里，家里只有这位太太和她的丈夫，这对夫妇知道露丝是推销化妆品之后都不是很高兴，但还是请露丝到了家里。

露丝：“我们的化妆品是……”首先露丝把这个产品的特点介绍了一下，但还是没有引起这对夫妇的兴趣，露丝接着说：“不知道您经常在家里做饭吗？”

太太：“是的，我们经常在家里做饭，这与您的化妆品有什么关系吗？”

露丝：“当然有了，我们的化妆品在您做饭的时候可以有效地防止油烟对皮肤的伤害。”

丈夫：“你们的化妆品有这样的功能吗？”看得出来这对夫妇都很感兴趣。

露丝：“是的，在您做饭的时候……”露丝讲了如何防止油烟伤害等一些优点。

太太：“听起来不错，我想我们明天应该去买一瓶！”

露丝：“不！不！这个产品我们今天是做活动的，明天可就没有了，而且我这里只有这2瓶了，像这么好的产品我想您应该尽快地决定。”

丈夫：“产品确实不错，好吧，那我们就买1套吧！”

就这样露丝的产品一次次地推销出去了，而且她还成为了上门推销产品的专家。首先她看到了客户真正的需求，在客户答应购买做出口头承诺的时候，她总能够抓住时机，在客户最感兴趣的时候完成这次交易。

其实每一位销售人员都应该这样，你的客户做出了一个承诺应该高兴，不过不能盲目高兴，只有客户与你签单的时候，才应该高兴。对于客户的口头承诺而没有立刻签单，应该看到更深层次的问题，而不是坐等客户同你签单，要用你的技巧完成那最后的1%。

你浪费诸多时间却做了一个没有结果的行动吗

一位农民很辛苦地在一块土地上种了一片麦子，每天这个农民很早就出去给这片麦子除草、施肥、打药。就这样眼看麦子就要成熟了，可是这时一种虫害却侵袭了这片麦田，农民需要买一种农药就可以将这些虫害杀掉，而这个农民却不愿意花那些钱去买农药，他希望他的麦田能够抵抗过这次虫害，可是，结果麦子全部被虫子吃掉了，一颗也没有收到。只是获得口头的承诺而没有立刻的签单，就像是这片麦子，在即将成熟的那一刻你却没有打药，最终没有收获。

获得一个口头承诺而没有得到签单，就好像一位师傅买了面粉、鸡蛋、烤箱等一切材料，和好面，搅好鸡蛋，做成一个个面包的样子，却没有将它们放进烤箱里烤成面包。这就是一件不完整的事情，对于材料的浪费、时间的浪费，自己也没有获得一点好处，这是一个多么糟糕的结果啊！

而在销售中，这样的情况并不少见，当你面对客户的时候，花费他很多时间同他会谈，进行一次次商定，最终获得承诺，可是，却没有立刻签单，你又将采取怎样的行动呢？面对这样的情况，只有一种方法，直接问你的客户，他现在有怎样的想法或者没有签单的原因。

你可以用这样的问题来询问客户，“请问××先生，您想什么时候同我签订这个我们已经谈论很久的订单呢?”待他回答后，你可以根据他的回答再进行下一个问题，也可以问：“您和我一起进行了长达几个月之久的谈判最终达成一个承诺，晚一个小时不去履行对于您来说，就是一种非常大的损失，您说是吗?”他可能会承认他的一些问题，或者不去签单的真正原因，总之，你可以从客户那里获得一些信息，根据不同的情况而采取不同的手段。

在一笔大生意中，客户始终不和你签单有很多的原因，也许客户正在做比较，他想从中选择更优的一个；或者资金不允许，而又不想让你察觉他存在这样的问题，对于这样的问题，我们可以提出一些问题对其进行试探，比如：“××先生，我想您是知道的，现在有很多客户要和我们签订这次订单，如果您再迟迟不签单的话，等于是将机会和利益让给您的对手，我想您一定不会作出这样的决策吧。”待他回答后再决定要怎样做。

而如果客户还是因为价格而迟迟没有签单的话，可以说：“老板，您是知道的，这已经是我们公司给予的最低的价格了，如果您还因为价格而耽误您这么久的时间的话，我想也是一种利润流失。”你也还可以这样说：“我们公司的优惠政策马上就要到期了，建议您把合同签了，把货从仓库提出来，如果优惠政策一到期的话，您享受不到这样的优惠价格，我想这对于您来说可是一笔损失啊……”

我想针对客户的不同的答案，你就应该知道怎么应对了，就像一位厨师，对于一道菜中少了什么，一眼就会知道，也知道应该往里面添加什么。对于客户只是口头承诺而没有签单成交的，只要弄清楚原因，有了原因，就知道该怎么应对了，不是吗?

让客户意识到他的这种只有承诺而不签单的行为对他的利益是一种损失。做一件事没有结果，是每个人都不想要的，客户如果同你会谈了那么久，相信也不会希望有一个没有结果的会谈。抓住了客户的心理，了解客户的想法，就会将口头承诺而不签单的事情很好地解决。

27 大生意的承诺获得容易，兑现不易

朋友新开了一家店，一份烤到七分熟的牛排放在你的面前，你的朋友认为这就是完美，然而你不想说出你的"牙齿"认为这很坚硬，麻烦侍者给你再做一份，又没有办法对朋友说这是一份糟糕的食物，你还要怎样一刀一叉地将它吃到肚中呢？这对于你而言会不会很难呢？

在每一笔大的或者复杂的生意中，就像吃一份不熟的牛排，外熟里生，看起来很好，可是你的牙齿不行呀，牙齿可不会因为牛排的坚硬而强硬。在销售当中，很多的生意获得承诺是那么的容易，可是要让对方兑现的时候却是那么的困难。

一次大生意，绝对不会像平日里简单的商品买卖来得那么容易，有时候与客户会谈，一个项目的做成，一个交易的达成，就需要几年的时间。在每一笔大生意中，客户告诉你需要你们的产品，可是却迟迟不见他们行动，这是为什么呢？在大生意中出现这样的情况最主要的就是运作问题。

看清会结果和不会结果的树

大生意，总是不会像小生意那么简单，要么会谈成功，有一个订单，要么会谈失败，去寻找下一位客户，在大生意中，周期也许要几个月，甚至几年才能拿到一个订单，当你向客户推销你的产品的时候，可能客户没有明确地拒绝你也没有承诺你什么，当然也没

有拿到一纸契约，这样又怎样判断一笔生意是否成功呢？你又将采取怎样的行动呢？

在比较复杂的生意中，拿到客户的承诺，不是一个即将结束的标志，而是一种开始，下面的发展也许会继续，也可能由于客户的种种原因而最后终止。作为一名销售人员，就是要分清哪些承诺之后，客户会中断同你之间的合作而导致你最终以一种失败而结束你的一笔大生意，而哪些进展又是一种成功的标志。

凯特是潜能开发课程的推销员，在朋友的介绍下认识了一位非常成功的女老板。买房子就像买土豆，买车子就像买白菜，她的儿子20岁就开着宝马，那是她送给儿子20岁生日礼物，凯特决定一定要认识这位有钱的女士，而且要向她推销课程。

凯特："老板，您好，我是某某培训机构的，您的企业做到今天这么大，我想员工有很多吧，我想我们的课程，无论是对于您还是您的员工都是有很大帮助的，而且……"

没等到凯特说完，那位女老板就开始了一阵责骂与不满。

老板："我现在最憎恨的就是你们这些讲课的讲师，有一次我的企业请了一个讲师，迟到了半个小时，我是最讨厌别人迟到的，以为自己是讲师很值得别人羡慕似的，一点也不尊重我和我的200多位员工，做得太过分了……"

那位老板发泄着，而凯特却一直在为老板道歉，对不起，都是我们讲师的错，是我们的不对，我们不该那么不讲信用等等。

近半个小时，那位老板终于注意到了凯特的存在，并同她聊起天，但是她仍然有一个很明确的态度："我们企业现在不需要讲授课程，不过你听我抱怨了这么久，我会考虑你的课程的，下周有一个企业高层的聚会，你有时间的话，也可以去一下……”说着给了凯特一张会议入场券。

同那位女老板的会谈就这样结束了，那位老板却给了这样一个让人不知如何是好的答案，不过可以同那位老板一起去参加一次聚会，到时候也许会有机会再进行推销，凯特这样想着。

为了不迟到，她早早就坐上出租车赶在去会场的路上，可是，途中却接到那位老板的电话……

老板：“不好意思，这次的聚会临时取消了，不用来了。”

就这样，带着希望迎接了失望，凯特回去了。

之后的一段时间，凯特一直和这位女士保持着联系，在这位老板生日的时候送去祝福，并时不时地为这位女士的企业出谋划策……

半年之后，凯特在一次推广自己课程的时候，意外发现在最后一排有一位非常有气质的小姐，竟然是那位女老板。女老板光临她推销的课程，她当然兴奋了，激情慷慨地演讲完，那位女老板就迎上去，她们来到一家西餐厅门口，老板说要请凯特吃饭。

面对这样的殊荣，凯特异常的高兴，老板说：“今天，我是听朋友说有你的演讲会，所以我就来了，以前都是我对于你的考验，我要看看，你的能力、实力，因为我不能再为企业请一位没有能力的讲师，来为我的员工讲课却不起任何作用。我的企业现在遇到了困难，员工不够团结，而且工作激情不高，还有其他企业来挖人，这些很让我困扰，下个星期，你能不能帮我举行一次200人的培训，用你的激情去感染他们吧……”

凯特：“绝对没有问题，这是我的荣幸……”

就这样，凯特把她的演讲课程成功地推销给了这位老板，虽然周期长了一点儿，可最后还是成功了。

从凯特的身上，我们可以看出，在面对生意的时候，虽然老板给了一个简单的承诺，没有兑现，她不是坐等老板的答案，也不为一个承诺盲目高兴，而是采取一系列的行动，同老板保持一定的联系，给予老板一定的感动，最后，老板参加了她的演讲，对于凯特来说，这就是一个最成功的进展，因为很明显客户认同了她的产品。如果客户面对你的产品只是承诺而没有兑现，那么说明他暂时还没有认同你的产品，这个只是暂时的，尤其在复杂的生意当中，也许他们做出一个兑现会有很多的程序，经过很多人的认可他们才能给你兑现，这个时候我们就要耐住寂寞，保持与客户的联系，给予客户以感动，相信成功最终会选择你。

作为一名销售人员，在面对大的、复杂的生意的时候，也要像凯特这样，不断地采取行动，不然承诺也就只是承诺，也就没有了下面的兑现。

行动——将中断转为进展

大生意中，面对客户的承诺，最好的解决办法就是行动。行动就是将暂时中断转为进展的一个最好的办法，而这种进展，就是要不断地同客户联系，无论是一家企业的老板，还是高层的经理，还是部门主管，都要经常有与他们保持联系的行动，只有不断同他们保持联系，才有可能将与客户之间的中断转为进展，才能有利于自己最终达到将产品销售出去的效果。

可是，怎样的行动才算是同客户之间的"行动"呢？怎样的做法，才是有利于将中断转为进展的呢？这样的行动并不一定都要由你做出来，你的客户也会做出一些行动，那样，也是一个有利于你获得客户履行承诺的信号，同时也要确定切实可行的目标，将销售向前推进。

曾经有一位推销马桶的推销员在一天中成功销售出60只马桶，这样的销售量，对于一般销售人员来说是不可思议的，她又是怎样做到的呢？

那位销售人员每次面对一位老板或者大客户的时候，都会同那位老板进行很愉快的聊天，告诉对方我是卖马桶的，并礼貌地递给对方名片，然后听对方讲一些问题，最后都同那些老板成了好朋友，当然能销售出马桶最好，若没有成交她也没有丝毫难过，还是很高兴地送走她的客户，然而老板大多都会在最后说，有机会我一定会选择你的马桶的，而她并不相信这些老板们的口头承诺，只是等着他们来购买自己的马桶，她会出现在那些大客户经常出现的地方，如公园、电梯、餐厅等公共场合，跟那些老板打招呼，加深老板的印象，在一些节日的时候，她都会打电话，向老板们问好，并且关心有没有意向为企业购买马桶，虽然每次换来的都是口头承诺，但是她从来没有放弃，时间久了，那些老板一见到她就会想到马桶。

就是在这样一次次的努力中，有一位建筑工地的老板，在购买马桶的时候第一时间就想到了这位销售人员，并且在那里选购了60只马桶，这样，那位销售人员也就有了销售60只马桶的奇迹。

这位销售人员成功地销售出自己的产品，是有方法对策的，不断地出现在客户会出现的场所，同客户常联系，询问最近有没有购买意向，最终，老板的一句承诺得到了兑现。

其实，这只是对于在大生意中如何行动进行了一个概括，当你也面对这样的情况的时候，让高级销售人员不断计划，实施会谈，有步骤地推进销售进程，如邀请客户参加你们的产品演示会、展销会；同客户进行不同层次的会谈，让客户亲自体验你的产品，搜索客户的选择目标以及有什么样的企业计划等等，都有利于让客户给出最后的兑现承诺。

始终记住，在大生意的承诺过后，最重要的就是行动，即使兑现这个承诺需要很长的时间，也要始终保持和客户的联系，不要因为客户迟迟不能决定就放弃对客户的跟踪，或许越是这样的客户你的回报会越多。推动承诺获得最后的兑现，而不是没有任何行动以致最后让你同客户之间的进展中断。只有这样做，才会有利于一笔大生意顺利地进行到最后成功。

第六章

成交既是结束，也是开始（成交与售后阶段的交接）

一个完美的销售是由一套全面的售后服务支撑的。

试想一下，如果我们卖出去的产品没有售后服务，或者售后服务做得不够完善会变成什么样子?

当客户所购买的产品出现问题却得不到及时解决的时候，会导致客户投诉，严重时客户会要求退货。

即使有些客户不会与你计较，可是他从此也不会再买你的产品，因为你的产品给他带来了麻烦。

他还会提醒身边的朋友注意你的产品的弊处，使你的产品得不到肯定，从而影响你以后的销售业绩。

于是，当我们拥有一套完善的售后服务的时候，将不会再出现这些让人头疼的事情了。完善的售后服务会让客户信赖我们的产品，并潜意识地把我们的产品传播给他周围的人，为我们的产品作免费的宣传。

28 单子签了，销售仍未结束

不要认为单子签了，就意味着销售结束了。其实，一切都还未结束，这只是销售的开始。

有很多销售人员在客户落笔的那一瞬间可能会长呼一口气说："哦！终于结束了，现在我可以坐下来好好喝杯咖啡了……"如果你也有同样的想法，那你的销售之路肯定走不长。

销售是长期的，除非你决定换一份工作，要么，销售就永远不会停止。

客户是一项长期的投资，当你费尽心思、好话说尽后终于卖了一件产品，可是当产品出问题，客户来要求维修时，你却把客户抛在了一边。这样，你的客户群会越来越少，直到你的产品一件也销售不出去。

这样的情况对于很多销售人员来说都是非常糟糕的。其实，单子签了，只能说明你之前浪费掉的喝咖啡的时间、与女朋友约会的时间、和家人郊游的时间……得到了一定的回报。可是，如果只顾着签单，而忘了最重要的服务，那之前的努力很可能会白费。

销售结束了吗——成功的销售人员应该说：没有

有一些销售人员还会出现这种情况，当客户签了单后，也许是因为太高兴了吧，站起来说一声"不打扰您了，再见！"转身就走，连握手或是巩固一下客户以便长时间购买的心都没有。或许，你认为没必要，客户已经决定购买了，单子都签了，一定不会反悔的。这种想法是目光短浅的销售人员才会有的。

你有没有想过，客户的周围还有朋友，或许也需要同类的产品？如果是，那你就失去了绝佳的再次销售的机会。

销售真的结束了吗？

“是的，客户已经签单了，他一定不会反悔的。”

你的回答也是这样吗？如果是，那你一定也不是一个非常完美的销售人员。

一个成功的销售人员一定不会把一次的签单看成是销售结束，而是看成是销售的开始。下面就来看看所有销售人员的偶像乔·吉拉德是如何看待成交的。

当客户的新车子出现了问题，就会跑过来找乔·吉拉德，当然，这辆车子是乔·吉拉德销售出去的。乔·吉拉德得知情况后，首先会安抚客户，然后向客户保证会把修理工作做到最好，让客户对车子的每一个地方都满意。其实，好的维修服务，也是成功销售人员的坚强后盾。如果客户还是不太满意，乔·吉拉德就会和客户站在一起，对修理技师、汽车经销商或是汽车制造商展开一轮“战斗”。其实，与客户站在一起，就会使客户对你的信任增加了一分，这也是乔·吉拉德把成交之后的服务看得很重的原因。

在与客户成交之后，乔·吉拉德如果没有接到客户的任何联系，他就会试着与客户接触。如果是老客户，乔·吉拉德就会打电话直接说：“您好，打扰了，以前买的车子情况如何？”一般情况下，白天接电话的多是客户的太太。面对乔·吉拉德的询问，她们大都会说：“哦，车子的情况好极了。”乔·吉拉德会再次询问：“有没有什么不适的地方？”她们会说：“没有。”乔·吉拉德会接着提醒客户的太太：“太太，您要在保修期内将车子好好检查一下，而且，我们的车子在保修期内检修是免费的。”太太一般会说：“哦，是吗，那太好了。”乔·吉拉德会再示意客户太太：“如果车子振动得很厉害，或是其他任何问题，您可以送过来进行维修，请您提醒一下您的先生，我们将会十分感激。”

像乔·吉拉德这样，在单子签完后还不时地对客户进行回访，相信有很多销售者都做不到。即使刚开始还会做做样子，不时地联系客户，可是，时间长了，就会慢慢淡忘。

“哦，怀特太太，您怎么会过来？”

“你是？”

“我是吉米啊，您忘了？两年前您通过我买过一辆车。”

“怀特太太，您好，这是发票，您请收好。如果车子有任何问题，您可以直接来找我，这是我的名片，我叫比尔。”

“好的，谢谢。”

听到这样的对话，吉米早已张大了嘴巴。是的，怀特太太也许真的忘记吉米了，吉米失去了一个大客户。如果你是吉米，你看到你曾经的一个客户过了一段时间后又来买你们公司的产品，可是，却没有通过你，你就知道，你的售后做得有多失败了。我想，你也会像吉米一样，吃惊得合不上嘴。

销售从来就没有结束过，如果有人认为，签一个单子就意味着一个销售的结束，那他一定不是一个成功的销售人员。或许你会说：“单子已经签了，我不想再去打扰客户，因为，在这之前，我已经打扰得够多了。”或者是：“没有那个必要了，我想他是不会再买这个产品，因为，一个已经足够他用了。”这是多么愚蠢的想法啊。

签完单子后，给客户多留几张名片，平时多和客户聊聊产品，多慰问一下客户……这是多么简单的事！

一些销售人员之所以会失败，或是无法取得很大的成功，就在于他们把一次的销售看成是最后的销售，抱着“能卖出一件是一件”的心态在销售，这样怎么可能成功？

单子是签了，可是你的销售还在继续，在销售人员的语言里，没有“结束”，将1个客户发展成2个客户，把2个客户发展成4个客户……销售人员最重要的是销售之后你做了什么，这直接决定你的销售之路有多远。

销售结束了——真的是这样吗

当你在大呼“销售结束了”时，或许，你曾经的客户正在和你的同事商量着再次购买新产品呢！

销售结束了！真的是这样吗？

不是。这只不过是一些不懂销售的人才会说的话。销售最重要的环节并不是在于你浪费了大把口水向客户介绍了产品之后，客户抬笔写下的那串让你心跳不已的名字的时候，而是在客户签单之后，你下一步的服务。这里的“之后”并不是一个短期的时间，而是延续时间相当长，或者可以说是终身的。所以说，你所认为的“结束”，其实，只是一个开始。

如果你的目标是定在一个人一辆车，那你的销售网永远也打不开，你应该有“他以后所买的这个产品都要从我这里销售出去”的目标，这样你的销售才永远不会结束。

艾米是一名成功的保险销售人员。为了孩子们可以进入好的学校，她拼命地工作，见人就发自己的名片，她的亲戚、朋友、邻居……身边人只要买保险的都找她。不过，艾米可不是一个让人签了单之后就不管别人的人，她一有时间就会“问候”那些向她买保险的人。而且，艾米对客户也很真诚，非常乐意去帮助客户，她不在乎所做的一切会立刻有回报。不过，她所做的一切确实为她迎来了好口碑。

在所有的保险中，旅行平安保险估计是最不赚钱的了。有一个人由于经常要出国，所以需要买海外旅行平安保险。

“您好，请问您需要了解什么？我可以给您介绍。”一位销售人员端着一杯咖啡非常热情地走过来。

“请用。”

“哦，不了，我只是想了解一下……”

“我知道，到我们这里都是想了解保险的，您放心，我一定会说得很详细的。”

“哦，我是想……”

“您是想多了解一些吧，您看这是……它的好处就是……对于您来说买这种保险最划算了……”这位销售人员很详细给客户讲着。

“对不起，我想打断一下，我只是想买一份旅行平安保险。”

“哦，我想，您应该也想了解一下……”

“不，不，不，我已经决定了，只买旅行平安保险。”

“您确定不了解一下其他的内容吗？”

“我想不用了。”

销售人员的笑容僵住了，她带着不太自然的笑容说：“好的，我这就去拿单子。”

销售人员边走边小声抱怨：“卖旅行平安保险，哼，就算是签一年，也还不够付我的工资。”

签完单后，这位销售人员就把这个客户给忘了，如果不是客户主动打电话过来咨询，她是不会打一个电话去问候的。后来，她把这个单子转给了艾米，艾米去拜访了这位客户，艾米的真诚打动了客户，艾米没有抱怨，她非常热心，乐意为客户跑腿，后来，她和客户建立了良好的关系。

因为很少再联系，不，应该说是没有联系，所以，客户也渐渐忘了那个销售人员。这位客户的保单快到期了，他让艾米给他介绍了一些保险，或许是对艾米很放心吧，他对艾米说的话深信不疑。当即，他做了一件让艾米意想不到的事，这位客户向她买了一张更大的保单，是之前的数十倍。艾米从中也得到了相当丰厚的报酬，而且，这位客户还把艾米介绍给了他的老朋友，使艾米再一次签售了一张保单。

或许你会认为艾米的成功有些侥幸，因为单子并不是她签的。可是仔细想一下会发现，其实是艾米之后的服务打动了客户。如果前一个销售人员可以留住客户，那客户也不会轻易接受别人的介绍。

其实，签完单之后，销售人员的态度对于客户来说非常重要，直接决定着客户之后的行为。试想一下，在签单之前，你一副笑脸迎人的样子，可是，签完单之后呢？就把客户冷落一边，哪个客户心里会舒服？

作为销售人员要知道，你并不只是为了薪酬而工作。如果一达到目的，就立刻对客户失去兴趣，客户再向你咨询其他问题时，你总是以“哦，我想我刚才已经说得很明白了”或“对不起，我现在还有更重要的事要做”等这些为借口，来推脱你曾经认为的“上帝”，那你肯定得不到客户最终的信任。

一次签单只不过是本次销售活动的结束，却是下次销售活动的开始。签单后对客户的关心，会巩固你和老客户的关系，同时，老客户又会给你介绍新客户，新客户成为老客户后，又会给你介绍新客户……这是一个良性的循环，你的客户会越来越多，直到你所在的地方，有八成以上使用的都是你的产品，那时，你就可以骄傲地说：“我成功了！”签单之后，需要继续推销，开始新一轮的推销活动才是最重要的，而不是在算这份单子你可以赚取多少提成。

艾米的成功在于，她真正留住了客户，她让客户感觉到她是值得相信的。艾米没有把一次的签单当成结束，而是继续和客户保持着良好的关系，这使得艾米可以得到客户，乃至客户家人、朋友的信任。

29 “销售——售后服务——口碑”的循环效应

所有的销售都是一样的，每一个环节都非常重要。只有把每一个环节做好，才能称得上是一次完美的销售。销售、售后服务、口碑之间其实是相互循环的，就好像是鸡生蛋，蛋生鸡一样。

当你销售出一件产品，就要对产品、对客户负责，做好售后服务，这样就会迎来好的口碑，进而开始下一轮的销售，经过这样良性的循环，你的销售就会越做越大。

当你牺牲掉和女朋友约会的时间，跑去向客户介绍你的产品，而客户也终于被你打动，买了你的产品。可是，在成交之后，客户该享受的售后服务没有了，你去哪里了？

哦！原来你跑去和女朋友约会去了。客户因为没享受到该有的售后服务，因而对你所在的公司有了不好的印象。客户向他的太太抱怨，向他的同事抱怨，向他的邻居抱怨，邻居再向自己的亲人、朋友抱怨……你想，他们这一大群人还会去买你的产品吗？如果是，要么是这种产品只有你们公司才有，在其他地方根本买不到，不过，我想这种可能很小。要么，这些人都是傻瓜，不过，有谁会愿意当傻瓜呢？

销售本来就不是一件简单的事，只注意成交之前，而忽略成交之后的影响，那这个循环效应就会变成恶性循环。对于销售而言，售后服务与口碑要比成交之前所做的努力更为重要。因为，一个客户对产品进行好的评价就可能为你带来一群客户，不停地循环，或许到那时，你不用主动去寻找客户，客户也会主动找到你，这才是销售的最高境界。

售后服务重要吗——成功的销售人员应该说：非常重要

为什么客户买了产品，可是，没过多久就对产品产生质疑，或是给予不好的评价？

当然，或许会存在产品质量问题。不过，我们现在所说的是，如果在产品良好的情况下，客户还给了产品不乐观的评价，作为销售人员，你认为是哪里出了问题呢？其实，很简单，那就是售后出现了问题。

售后服务真的有那么重要吗？

当然，很多销售人员之所以不成功，在很大程度上都是败在了售后服务上。他们没有服务意识，认为只要把产品卖出去就成功了，完全没有注意到，一个客户后面到底站了多少个潜在客户，而对客户的服务态度将会直接反映给客户后面的潜在客户，这就是销售循环的原理，也是销售能否成功的关键。

当然，还有一部分销售人员会说："公司里有专门的售后部门，我只是负责把产品销售出去，我没义务当然也没必要去管。"这样的态度一定会让他失去很多客户。售后服务并不只是产品出现了问题，然后上门维修那么简单。

有时，你一句问候，不时地去寻问一下客户的使用情况，当公司推出优惠活动，及时传达给客户……这些都是销售人员与客户联络感情的方式，而这样做的目的就是为了赢得好的口碑，让客户"帮助"你去寻找下个客户。下面就来看看乔·吉拉德是如何做销售过后的事情的。

乔·吉拉德，这位世界上最伟大的销售人员，他有一句名言："我相信推销活动真正的开始在成交之后，而不是之前。"是的，前面我们说过这个问题。那么，乔·吉拉德是如何做的呢？

乔·吉拉德大约每月要寄1.6万张卡，那么，这些卡究竟是什么呢？当然不是普通的卡。乔·吉拉德每月都会为他的客户送上一张贺卡，一月是新年，二月则是华盛顿的诞辰日……每个月都有值得纪念的事，乔·吉拉德从没有忘记过他的客户，当然，这些贺卡也使得他的客户无法将他忘记。

乔·吉拉德知道，销售是一个圆形的圈，客户是决定圆圈能否成形的关键，而客户和客户之间都有一定的关联，如果能让买过自己产品的客户帮自己推销，这将是最好的方法。乔·吉拉德在成交之后，都会交给客户一叠名片和猎犬计划说明书。这份计划书说明，当客户介绍别人来买车，成交后，客户就会得到每辆车25美元的报酬。随后，乔·吉拉德会寄感谢卡和一叠名片给客户，而且，客户每年都会收到乔·吉拉德寄去的猎犬计划书，主要的目的就是提醒客户，这样的承诺仍然有效。这样的做法使乔·吉拉德获得了很大的收益。

成交之后的工作是非常重要的，乔·吉拉德为何能打开销售网，其中，最重要的就是他把售后服务看得比销售更重要。

或许，你常常会看到这样的情景，一个人买了一款手机，慢慢地，就会有很多人跟着买，这是为什么呢？相信很多销售人员都明白吧，这就是循环效应。

销售人员要和第一个客户搞好关系，当你的产品得到他的信任的时候，这时，他就会介绍第二个、第三个客户来光顾你，当客户循环网拉开的时候，你就不用担心你的业绩问题了。

可是，为什么有那么多的销售人员看不到这一点呢？不过，就算看到了，也很少有销售人员去行动、去坚持。

如果说，在你熟悉了销售行业，对你的产品已经有了足够的了解，可是，你的销售业绩不是上升，而是慢慢下降时，你就该考虑一下自身的问题了。当然，你的表达能力是没有问题的，因为你曾经是公司的销售王。那是什么原因让你的业绩出现滑坡呢？其实，就是你的态度。

如果你推掉与女朋友的一次约会，多去了解一下你的客户，或是利用喝咖啡的时间给客户打个电话问候一下……我想，你的客户一定不会少。可是，当你都不屑于服务客户了，那客户为何还要给你机会呢？

我的服务很到位——你敢这样说吗

“客户是上帝”这是每个销售人员服务的信念。

其实，这并不是让你对客户顶礼膜拜，而是尊重客户。在产品销售出去后，给客户良好的服务，这样，客户才会选择继续相信你，才会愿意把自己身边的人介绍给你。

如果你的客户在不断减少，那就表明你的服务遭到了客户的质疑，没有让客户感觉满意、到位！

看重销售，而让其他人来收拾你售后的摊子，这样似乎不太合适，而且，好的口碑也无法建立起来。

销售是一个循环的过程。销售——售后服务——口碑——销售，断了哪一环节都无法进行下去。只有销售出去了，才会用得着售后服务，只有售后服务做得周到，才能赢得好口碑，而有了好口碑，才能开始下一轮的销售，这样一环接一环，永远都不会断，而销售网也是这样打开的。

无论其中哪一环出现了故障，你都没有资格说你的服务很到位。下面就来看看贝蒂是如何用服务留住客户的。

贝蒂经营着一家服装店，她对服装很有研究，而且，她也乐于打扮别人，看着别人身上穿着她亲自挑选的衣服，她会有一种成就感。

是的，成就感！为了这份成就感，她十分投入这份工作。贝蒂拥有一大批固定的客户，就算是坐下来喝咖啡闲聊也不用担心没客户。

当然，衣服有创意、有个性、质量好是吸引客户的一方面，可是，想要留住老客户只靠这些是不行的。

贝蒂是一个很热心的人，很多人对贝蒂的服务态度都很欣赏。是的，这么一个穿着时尚服装的，嘴巴一张一合微笑周到的人为您介绍服装，相信，很多人都很乐意听。

贝蒂会记录所有到她店里买衣服的人，然后做一个分类，一类为常客、一类为一般的客人、一类是一次消费的人。那么，做这些有什么用呢？是的，在很多人看来这是没有用的功课，可是，贝蒂可不这样认为。对于常客，一般是一周消费3~5次的客人，贝蒂在客人生日时都会送上生日礼物，而且，每年重要的节日，她也会送上节日礼物。对于一般的客人，一般是一周消费1~2次的客人，贝蒂同样会送上生日礼物，每个月还会做电话回访，比如有新货，可以请客人过来试穿等，这样有利于情感的交流。所以，在每个月，都可以听到贝蒂甜美的声音："您好，打扰了，我是……我想，您一定很有兴趣了解一下我们店里新到的衣服，相信穿在您身上一定非常合适……"

如此一来，贝蒂就不用担心客户会跑掉，老客户始终如一，她的服务口碑也渐渐传播开了，客户越来越多，店也越开越大。虽然店大了，可是，服务的理念还在，她一直说："我们做的不是一次性销售，所以，销售后的工作更重要。"

是的，不管从事什么行业，卖的是什么产品，它都不是一次性销售，这是一个循环的过程，想让你的销售路走得更长，首先需要把服务做好。

从另一个角度看，销售人员卖的其实是服务，而客户买东西，其实买的也是服务。

客户的评价源于两个方面，一个是销售前你的态度，当你的态度得到客户的肯定的时候，客户会心甘情愿地把手伸进口袋里掏钱。还有一个就是，掏完钱后你的态度，这直接决定客户是否会继续信任你，这一点是非常重要的。

作为销售人员应该明白，产品并不只是你这里有，有很多双眼睛在盯着这一个客户呢。如果产品各方面都相当，那么，客户根据什么来选择呢？很简单，就是服务。销售前后的服务，销售前的服务决定这一个客户会不会买你的产品，而销售后的服务，则决定这位客户的朋友会不会买你的产品。你是只要一个客户呢？还是想把这位客户身后所有的潜在的客户都收入囊中呢？

我想如果你不是傻子的话，肯定会知道该怎么做。

可是，很多销售人员都把第一个方面看得很重，他们想尽办法让客户买了他们的产品，可是，一切手续办完之后，他们脸上的笑容比超人消失得都快。尤其是客户在不会使用产品，或是产品出现了问题来找他们进行维修时，他们恨不得把客户拉到一旁揍一顿，因为，在他们看来，这些客户都是来挑毛病的。其实，在你给客户这样脸色的同时，你已经失去了最宝贵的诚信，客户对你已经不再信任。这时，客户说不定会要求退货，当然，一般情况下，这种要求很难达到，可是，足以让你“消化”几天，而且不好的影响是很容易被传开的，一个人不信任你，就会接着有第二个、第三个……

作为一名销售人员应该知道，得不到客户的信任是一件多么可怕的事。销售人员一定要重视和把握与客户的每一次交流机会，这种机会是很难得的建立感情、增进了解的机会。当客户被你的服务所打动，他就会把你的产品介绍给他的朋友，所以说，售后服务是很重要的，也是赢得客户的重要手段。

成交之后，和客户保持一定的联系可以避免潜在的客户流失。一般来说，当客户刚使用一件新产品时，会对它的功能和使用方法不能全面的了解。

虽然，公司有专门的售后服务，可是，客户需要得到的依然是销售给自己产品的人的回答，因为客户最初对他产生了信任。

如何使用，如何进行简单的检查……还有，询问一下客户使用的情况，这些问题其实销售人员都应该关心一下。

这样，你会收到客户送给你的大礼：“我想我的选择是对的，我应该告诉我的朋友，他肯定会买的。”当你听到这句话时，你就应该知道你的销售成功了，而且，你的服务很到位。

30 把客户当朋友一样，不能断了联系

很多人都懂得一个道理，那就是，如果长时间不联系，就很容易将对方忘记。其实，销售也是一样，如果不能和客户保持一定的联系，很快就会和客户疏远。试想一下，你有一个朋友，如果一周或是一个月不联系，会是怎样一个结果。要么他已经对你的印象非常的模糊，要么，就是他已经忘记你了，无论是哪一种都会让你难过好几天。其实，客户也和朋友一样，只有常常联系，他才能记住你。

可是，有些人却偏偏不这样认为，也许你有一张俊美的脸，很有自信，认为即使你一年不和你的朋友联系，你的朋友也不会疏远你，或是不会忘记你。可是，你错了，千万不要有这样的自信，这样会让你两手空空。销售员应该明白，绝对的自信就是自负，太自负可不是一件什么好事。联系断了，业务自然也就断了，如果你认为，这个客户已经没有利用价值了，那么，你就错了，而且错得很离谱。对于销售员来说，每一个客户都是无价之宝，他的作用可以发挥到他离开这个人世。

在销售中，人际关系是非常重要的，那么，怎样才能拥有好的人际关系呢？其实，与老客户保持联系是一个拥有人际关系的好办法，只不过，很少有销售员可以做到。

为什么在一年以后，你会把老客户当成新客户去拜访，当客户说“哦，上帝，我想起来了，如果我没记错的话，你就是上次那个推销员”时，你会作何反应，或许没有比这更为尴尬的事了。

造成这种结果的原因是什么呢？其实就是你没有和客户保持联系，以至于客户对你的印象模糊。

你把客户当什么——成功的销售人员应该说：朋友

没错，只有把客户当成朋友，常常联系，才能有一个稳定的客户群。

为什么你留不住老客户？原因就是你和他们断了联系。

和朋友一起喝咖啡、看电影、逛街，估计对很多人来说都是非常惬意的事情。

第一天打电话：“亲爱的，我们明天去滑雪吧，我们已经有12个小时没见面了。”

第二天打电话：“亲爱的，滑雪好玩吗？明天我带你去玩更刺激的。”

第三天打电话：“亲爱的，我想到了更刺激的游戏，你一定会喜欢的。”

……

和朋友之间，天天打电话都不觉得烦，反而可以增加两个人的感情。

如果你是销售人员，那么，请像对待朋友一样对待客户。并不是说，一天打一个电话问候客户，我想，如果真是这样，客户也会觉得烦的。和客户之间，只要不断了联系就可以，到了节日，问候一下客户，如果是你刚签下的客户，可以时常打电话问候客户，询问客户对你销售的产品用得是否习惯，或是提醒客户一些需要注意的事，客户一定非常乐意听。

如果你认为，让你把客户当成朋友一样对待，会让你受不了，或是你觉得不可思议，那么，就看看下面这个故事吧。

杰克是公司里当之无愧的销售王，来公司已经近10年了，每个月在销售榜第一名的都是杰克，以至于公司用高薪去留住杰克。

杰克是房产经纪人，平均每个月最少从他手上销售出去3套房子，这对于其他销售人员来说是很惊人的数字。因为，有时其他的销售人员，连续2个月，甚至是3个月都卖不出去一套房子。杰克是如何做到的呢？其实，杰克并没有什么特殊的秘诀，他只不过是把客户当成朋友一样，时常联系罢了。

难道和客户保持联系就可以获得高业绩吗？其实，并不完全如此。

杰克每签到一个客户，都会马上给客户寄去一封感谢信。杰克经常说：“如果你签完一个单子，就认为万事大吉了，那就很难在销售行业有所作为。”是的，销售一直没有结束，如果就此断了联系，那么，你之前的努力只得到了一分的回报，那九分的回报已经被你关在门外了。

杰克除了给客户寄感谢信，在客户搬入新家后，也会打电话问候客户的居住情况。

“嘿，老朋友，还记得吗，我是杰克，您现在所住的房子就是我给您推荐的。”

通常情况下，客户都会记得杰克，因为，杰克经常在他们的电话中出现。

“冒昧地打扰，是想问候您一声。不知道房子住得还习惯吗？有没有感觉哪里不舒服的地方？”

一般都不会有什么问题，而且，杰克也有这个自信，从他手上所销售的房子首先要质量过关。

“如果没有什么问题那就不打扰您了，哦，上帝，我差点忘了。瞧我这记性，今天是您太太的生日，替我向您太太问好，不能亲自说‘生日快乐’，我感到非常遗憾，请见谅。不过，稍后会有我准备的礼物送到您那里，请您签收一下……”

当客户听到这些时，会感到很惊喜，而他也会把杰克的名字记在心里。

这之后，每到了特殊节日，杰克都会送给客户一些礼物，这种方式，可以让客户得到意外的惊喜，使客户更加留心杰克。而杰克从没有放过任何和客户联系的机会，有时，客户无意中透露了搬家的时间，杰克就会非常留心，在客户搬家时，杰克就会去帮助客户，这时客户都会很感动。

其实，杰克的很多老客户都是这样发展起来的，当他们有朋友想买房子时，客户潜意识就会把杰克推荐给他们的朋友。老客户介绍新客户，新客户变成老客户后，又会介绍新的客户过来，这样，杰克有时不用出去，就会有客户主动找上门。杰克认为，不能把客户简单地看成是一个客户，做了一次买卖就不联系了，而应当把客户当成朋友一样，时常联系一下。

和客户保持联系，是一个销售人员巩固客户的主要手段之一。

为什么有的销售人员知道，绝不能和朋友断了联系，因为他们知道断了联系的后果，可是，他们为什么不知道，也不能和客户断了联系呢？

如果有人问你：“嘿，老兄，你有多少老客户？”而你的回答是：“老客户？我手上可都是等待发展的新客户，老客户有什么用，单子都签过了，我了解，这些人是不可能，而且也没有能力再次消费的，我可不想把宝贵的时间浪费在不可能的事情上面……”

如果说你的回答类似于这个回答，你估计要在不断地寻找中度过了。

为什么不多与老客户联系一下呢？要知道，他们身边可不只一两个人存在，如果让他们身边的朋友都成为你的客户，那将是多么好的一件事情。

如果你的客户与朋友在聊天，而他的朋友想买你目前正推销的产品，可是，你的客户居然没想到你，最后的结果就是，客户的朋友到其他地方买了你正推销的产品，这就是你的失败。

一个成功的销售人员，要把老客户身边的朋友都变成自己的客户，形成一个良性的循环，而要做到这一点，就需要把客户当朋友一样，保持着联系，这样，老客户才会记住你，当身边有朋友需要这种产品时，他们马上就会想起你。

试想一下，如果你把客户当成用过就扔的餐巾纸，那还怎么从他身上得到好处呢？

我把客户当朋友——你愿意这样做吗

在很多时候，销售做的就是一个“熟”字，你说，有谁会放弃熟人，而去相信一个没有接触过的人说的话？除非这个人有非凡的口才，如果没有，那“相信他”的人一定是个傻瓜。

对于销售人员来说，把客户永远留住才是最重要的。因为，销售最需要的就是客户，客户越多，销售的产品也就越多。销售人员最大的财富不是一个单子赚了多少钱，而是手中掌握了多少忠实的客户。

是的，就是客户，只有稳定老客户、拉拢新客户，销售才不会停止，这要取决于销售人员成交之后的一系列行为。推销成功很重要，可是，和客户建立关系则更重要。

没有人愿意和自己的朋友断了联系，对很多人来说，这是一件很糟糕的事。可是，客户呢？你愿意把客户当朋友吗？对于这个问题，很多销售人员是没有想过的。

那么，现在就想一想吧。

多数销售人员认为，只要客户签单了，就没有必要再去联系了，这等于是在给自己找麻烦。因为，一旦产品出了问题，客户就会抱怨不停，这是很多销售人员都不想听到的。而且，当你不去联系客户，慢慢淡忘客户的同时，客户也在慢慢淡忘你。你希望这样的情况出现吗？

下面就来看看，一个愿意把客户当朋友一样联系的人是如何做的吧。

下班的时间到了，可是，艾瑞克还在办公室里给每一个他奉为“上帝”的人写贺卡。是的，后天就是新的一年了，艾瑞克要让每个客户都收到他的贺卡，还有他准备的小礼物。

“嗨，艾瑞克，写这些有用吗？是老板让你这样做的吗？”

“噢，不，是我自愿这样做的，我觉得这样很有意义，你觉得呢？”

艾瑞克的同事耸了耸肩，表示不太理解。

是的，艾瑞克是一家公司的销售人员，其实，他做销售行业也只有不到2年的时间，可是，他却有很广的人脉。说起这些，还与他愿意做上面的事情有关。

艾瑞克会记住每一个买他产品的人，然后不定时地对客户进行回访。在其他同事都忙着寻找新客户的时候，艾瑞克却忙着给老客户寄贺卡，或是打电话说一些在其他人看来“没用”的话。

当其他同事在享用浓香的咖啡时，艾瑞克则会去为客户解决产品在使用的过程中所遇到的问题。而他的这些行为在其他同事看来有些疯狂，因为，公司有专门的售后服务部门。

而听到同事的质疑后，艾瑞克就会说：“我觉得这样做很值得，而且，我很乐意这样做。”

“那些老客户买一次这样的产品已经够了，你这样不断地和他们联系是毫无意义的，你把他们当什么了？他们可不是富翁，可没有更多的钱再去买一件一模一样的产品。”

“我和他们联系并不是觉得他们会再次购买我的产品，我只是不想和他们断了联系，这可是我的一笔不小的财富。”

“财富，你疯了吧？我想你是真的疯了……”

可是，艾瑞克的做法确实收到了成效，他的老客户的朋友也想买类似的产品，当朋友跟他们说的时候，他们首先想到的就是艾瑞克。是的，艾瑞克的名片就放在客厅的桌子上，他送的礼物被摆在了最显眼的位置，想不记住他都难。这样，艾瑞克通过老客户又得到了新客户，而艾瑞克也用同样的方法让这批新客户成了老客户，然后再由新一代的老客户去开发新的客户。

在很多人看来，艾瑞克的做法确实有些“疯狂”，因为，他的收效有些慢，可是，只要愿意去做，坚持去做，就一定会收到成效。艾瑞克做到了，所以，他成功了。

有些销售人员在产品推销出去后，就会坐在办公室里慢慢品尝咖啡，把自己的客户当成断了线的风筝，不再去管他的行踪。这些销售人员做的是典型的一锤子买卖，只顾着寻找新客户，而把老客户放在一边不管，这是一个失败的销售人员才会做的事，一般他们都会用刚刚寻找的新客户来取代老客户。

而一个成功的销售人员是绝不会这样做的，他们会保持现有的客户，再去想办法发展新的客户，这样，客户就会越来越多，销售出去的产品自然也就会越来越多。他们在成交之后会与客户维持着良好的关系，在他们看来，购买之后才是推销最好的机会。的确如此，销售之后仍和客户保持联系，和客户建立“朋友”一样的关系，这就是成功的销售。

对于销售人员来说，人脉是很重要的。与客户保持联系，可以加深客户对你的印象。如果想让销售成为你终生的事业，那就永远不要和客户断了联系，只有不被客户忘记，你才能获得更多的客户。

31 同样一根甘蔗可以嚼很多遍

对于销售人员来说，同样一个客户，却可以创造很多价值。从同一个客户身上得到的利益绝不比你顶着太阳去寻找的新客户身上得到的利益少。这就像是吃甘蔗一样，即使嚼了很多遍，它的甜味依然还在。

其实，销售做的不是一次性买卖，事实证明，的确如此。一个销售人员只有留住老客户，才能像嚼甘蔗一样，从他身上得到更多甘甜。是的，一个老客户身后的潜在客户，不是一个销售人员少吃一次午餐、少喝一杯咖啡、少约会一次就可以寻找到的。

如果你成交一次，就扔掉一个客户，那就好像是不会吃甘蔗的人，咬一口，吸到一口甜味就把甘蔗吐了出来。要知道，即使你再嚼上 10 次也未必能把全部甜味吸收掉。所以，不要把客户轻易地扔掉，因为，你扔掉的不仅是一个你曾经千方百计得到的客户，你扔掉的还有附在他身上很多隐形的财富。

“这个客户身上已经没有值得我再去努力的地方了。”如果你也是这么想的，那你所吸收到的甜味肯定会很少很少，也就是说，你所销售出去的产品是非常有限的。

这是为什么呢?

其实，就是因为你没有耐心再“嚼”下去了。你看不到客户背后的价值，可是并不代表他就没有价值。

你的甘蔗没有味道了吗——成功的销售人员应该说：有

很多销售人员都会犯同一个错误，那就是从客户身上得到一次成交就心满意足了。也许你会说做人不能太贪心，可是，有谁不是贪心的呢？一个销售人员要有“从一个客户身上看到一群客户”的能力，所有客户的潜在价值都是无穷的。当然，如果你能看到这些价值，可是视而不见，那就要另当别论了。

你从客户身上除了得到一次成交外，你还得到了什么？

“什么？我还能得到什么？难道一次成交还不够吗？哦，上帝是不喜欢贪婪的人的，我可不想让上帝讨厌我……”

如果这是你的回答，那你可能永远也无法成功。作为一个销售人员，应该明白，一个客户，他身上的带动效应要比你说上一千句、一万句话要管用得多。

当你花心思去找新客户的时候，还不如多花点时间去了解你的老客户。当然，并不是说把老客户当成物品一样去研究，而是与老朋友建立良好的感情基础，在这基础上，再去寻找新客户。这样，你品到的“甘蔗汁”就会越来越多。

如果你不知道如何获得大量的甘蔗汁，那么就来看看西蒙是怎么做的吧。

“嗨，西蒙，好久不见了，不过我可一直记着你哦！对了，这是我的朋友，他也想买你们的产品，所以，我就把他带过来了，你多给他介绍介绍吧！虽然我已经介绍过了，不过，我想，他更愿意听你的介绍。”

这是西蒙的一个老客户。其实，这种情况经常会出现，老客户带着朋友来找西蒙，买了相同的产品。当然，这并不是带一个朋友这么简单，因为，老客户身边并不止这一个朋友。

西蒙明白这个道理，所以，只要成为他的客户，他就不会让客户、客户的朋友“跑掉”，这是西蒙推销手段的一种。西蒙认为，每个客户身上都隐藏着无限的财富，只不过要看你有没有本事拿到了。

西蒙在销售上有自己的一套方法，他花在老客户身上的时间或许比他之前去寻找新客户的时间还要多。很多人都不太明白，发展客源才是销售中最重要的。可是，西蒙为什么不急着去发展呢？

其实，西蒙的做法也是在寻找新客户，只不过有时会见效慢，可是，当时机成熟的时候，客源就会源源不断。作为一个优秀的销售人员，应该明白“老客户身上的价值永远要比新客户多”。

西蒙会花一上午的时间帮助老客户收集一些资料，当然，这并不是西蒙分内的事。不过，这种做法，让他得到了客户的欣赏。西蒙认为，只是从客户身上看到一次成交的人是愚蠢的，销售应该是连续的。

当新客户成为老客户，老客户再带来新客户，而这中间的联结就是每个销售人员都应当去维护的。

很多人会想，客户购买一次就够了，是的，也许是这样的。可是，你有没有看到客户的朋友、邻居和同事呢？没有，正因为如此，所以你没有成功。

当客户的朋友来到客户家中，看到客户正在使用你销售的产品，朋友觉得挺好，就想问客户在哪儿买的。当你听到客户说："哦，天哪，那个推销员的名片我不知道放在哪里了……不过，他们好像有很多分店，我想你可以到……"

当然，这些话你是听不到的。这也是很多销售人员对客户的流失而全然不知的原因，因为，他们根本听不到这种声音。销售之后，你还有很多事要做，就如西蒙一样，和老客户维持着关系，让客户总能想到："哦，这是个销售某某产品的家伙。"

西蒙从老客户那里得到了更多的新客户，虽然，老客户只和西蒙成交了一次，也许他们在成交之后再也没见过面。但是，电话联系却让客户记住了西蒙。

如果你是一个销售人员，看到你曾经的客户正带着朋友在其他专柜，买你正销售的产品，你就应该明白，你流失的不仅仅是客户的一个朋友，而是他身边欲购买此产品的所有人。

不要把老客户放在一边不管，一个成功的销售人员懂得从老客户身边发掘新的客户，一遍一遍地发掘。这个过程是永不停止的。

老客户身上有无穷的价值——你得到了吗

我们这里所说的"得到"并不是指你从老客户那里签到几个单子，而是在签完单子后，你是否依然可以得到老客户的信任。

客户在成交之后不信任你，比成交之前不信任你要严重得多。成交之前不信任你，是因为你本身就没有能力让客户信服。但是，成交之后不再信任你，那就意味着你的服务出现了问题。如果不及时地补救，只会加速身边老客户的流失。

你敢说你已经无法从老客户身上得到任何有价值的东西了吗？

如果你敢，那你不是傻，就是有些痴了。没有任何人敢无视一个人的潜在价值，尤其是对销售人员来说。一个客户所带来的并不是一个机会，而是千万个机会。只不过，你看不到而已。下面就来看看这个故事吧。

南希是位美丽的女孩，化着精致的妆，蓝蓝的眼睛格外诱人。

南希是做化妆品推销的，是的，这份工作非常适合她，因为，她对化妆品很有研究，而且她也很乐意去研究。南希希望每一个使用她化妆品的人都是美丽的。

“嗨，凯莉，您好，我是南希，我想您的粉底应该快用完了，我们新到了一些粉底，我觉得非常适合您，希望您有时间能来试一下。”

有时，连客户自己都没有察觉自己的化妆品快用完了，那南希是怎么做到的呢？

南希推荐给客户的化妆品都是经过严格选择的，她要测试客户的皮肤，根据客户不同的肤色选择适合客户使用的化妆品。她认真的工作态度，还有那美丽笑容，总能让爱美的女士把手伸进自己的钱袋。

南希自己制作了一些卡片，她会记录来这里的每一位客户的信息，而且，客户的皮肤特点，对什么过敏，她都记得一清二楚。南希经常会听到“哦，上帝，你比我还了解我自己”这样的话。

的确，南希了解每一个购买她产品的人。她的客户是经常化妆还是偶尔化妆，她都非常了解。当然，她并没有跟踪客户，因为这样的做法不仅没有效果，还会影响自己在客户心中的印象。而南希所知道的只不过是在跟客户的聊天中得知的。

这样，南希就可以很准确地掌握客户需要什么了，并且可以及时地满足客户的要求。对于客户来说，没有比这更好的事情了。

当客户把产品买回去后，南希大约一周就会给客户打一次电话，问客户有没有不适应的地方，还会教客户一些化妆技巧。慢慢地，客户和南希变得熟悉起来了。南希知道，从这些老客户身上可以得到更多……

当然，南希有时还会做一些额外的工作。一些客户要参加宴会，可是来不及化妆，她们就会找到南希，而南希也乐意帮忙。有很多客户，常常跑到南希这里请教关于化妆的方法，虽然，南希也会打电话回访，不过，这些爱美的女士更愿意听南希当面为她们讲解。

后来，来找南希的人越来越多，而且，很多都是一个人后面跟着一群人。现在南希即使不上门向客户推销化妆品，也会有很多人排着队来购买。而且，大部分客户都是由她发展的第一批客户带来的。

如果仔细想想，会发现南希并没有做什么让人感到不可思议的事情，她做的也都是自己份内的事。可是，有很多销售人员却连自己“份内”的事都做不到，难怪会不成功。

为什么南希会成功？当你看到南希的成功而感慨上帝的不公平的时候，你是否想过，你可曾和南希一样，重视自己的老客户？为了老客户可以放弃自己吃饭和休息的时间，去做不关乎自己工作范围之内的事情。

客户可不是个傻瓜，是的，他们明白自己需要什么样的服务。销售人员对他们是否真诚，其实，他们都看在眼里。等到时机来了，他们就会给真诚的销售人员大大的回报，南希就是如此。

如果你是一个销售人员，可是你却看不到老客户的价值，只是把老客户当成是无力购买第二次产品的家伙，那你就不会成功。南希的成功就在于她看到了，而且也努力去做了。

32 像呵护恋人那样去呵护客户的疑难

你所销售的产品再好，客户还是会发现你意想不到的问题。

客户虽然购买了你的产品，可是，在使用的过程中，还是会遇到各种各样的突发状况。当然，并不只是指你的产品质量出现问题。客户在使用一种新的产品时，可能由于不太会使用，或是操作失误等，都会影响到他们的使用。

在这时，客户最需要的不是你说："该死，不是这样的，您可能弄错了……"这对于客户来说是一个不小的打击，这种服务态度，会让客户更加心烦。

客户或许最想听到的就是你的安慰："哦，让我来看看，没有什么大问题，可能是您不小心弄错了一个地方，没关系，我已经给您调制好了，您可以放心地使用了。"

对于客户来说，面对无法解决的问题，他们并不希望看到你难看的表情。

客户是什么？

有人直接把客户称为"上帝"。的确，客户是上帝，如果你得罪了上帝，结果自然好不到哪里去。

为什么原本信任你的客户会选择到其他的地方去购买和你推销一样的产品呢？有很直接的原因是因为面对客户所发现的问题，你没能给出客户满意的答案，从而导致客户对你失去信任。

你会得罪客户吗——成功的销售人员应该说：不会

当然，这里所说的“得罪”，并不全指你和客户之间的争吵或是肢体上的冲突。其实，这里的“得罪”是指在无意间触怒了客户，让客户觉得受到了不公平，或是不重视的待遇。如果你让客户有这样的心理，那你就会损失很多客户的。

没有销售人员会没事找事去得罪客户，而得罪客户大多是因为在处理问题上所产生的分歧，使客户不能满意销售人员所给的答案。

为什么有的人在哄恋人开心时很有一套，可是，面对客户的疑难时却摆出一副欠揍的样子？

“亲爱的，不要生气了，你要什么我都愿意给你，只要你不生气……”如此温柔地去呵护恋人，很多人都能做到。

可是，如果你是一个销售人员，是否也能像呵护恋人一样，去呵护客户呢？下面就来看看这个故事吧。

“凯琳小姐，我想麻烦你来看一下，这个产品好像出了点问题。”

“出了问题，哦，那是不可能的，我们的产品是全世界最好的，您肯定是弄错了。”

“我想，你还是过来看一下吧。”

“哦，不过我现在特别忙，您知道，有很多人排着队要买我们的产品，我都有些忙不过来了，您还是多看一下说明书吧！如果还是有问题，我尽量抽出时间过去一趟。”

电话挂了。凯琳正在和一个即将成为她客户的人谈合同，所以，根本不想去理会那个老客户说了什么。是的，对于她来说，坐在面前的这位才是她的“上帝”。

“凯琳小姐，我想你最好还是过来一趟吧。”

“又遇到什么问题了吗？”

“是的，说不定我会考虑退货。”

“好的，好的，我抽时间过去给您看看，好吗？”

那个客户又打电话过来了。没办法，凯琳不想丢掉面前这个机会。她打了个电话让其他同事去了。

“见鬼，没什么问题，你只是把插孔插反了而已。”

“好的，谢谢。”

同事刚走出客户的门，就拿出电话：“凯琳，以后这种小事不要再给我打电话，在给客户送产品的时候，你没告诉他们要怎么使用吗？”

……

这些话，一门之隔的客户听得清清楚楚。

一周后的一个午后，一切都好像没什么变化，可是，接下来发生的事让凯琳后悔不已。

她的那个老客户，没错，就是打了两个电话凯琳也没出现的那个客户，带着他的两个朋友购买了一样的产品，可是，并不是通过凯琳。在他们结账的时候，凯琳看到了客户，以为客户是来找她的。

“嗨，史密斯先生，您遇到什么问题了吗？给我打电话就行了，怎么还亲自跑一趟呢？”

“先生，这是您要的东西，请收好。”

“嗨，凯琳，你们认识吗？”凯琳的一位同事看到她与史密斯聊天，以为他们认识。

“哦，是的，他曾是我的客户。”

“哦，是吗，不过，他现在可是我的客户。”

“凯琳小姐，我想这位先生的服务应该比你要好一些。这两位是我的朋友，刚好他们也需要这样的产品，我就介始他们过来了。不过，我想你应该很忙，所以，就没有打扰你了。”史密斯很有礼貌地说。而这些话却使凯琳的脸色变得异常难堪。

凯琳的售后服务的确做得很不能令人满意。如果你是一个销售人员，遇到像凯琳这样的问题，你会表现出什么样子？

的确，这样的情况确实让人难堪。让机会在眼前流失，有哪个销售人员不觉得后悔？不过，已经晚了，因为，客户不再信任你了。或许你会说：“那我之前的努力都白费了吗？”并非如此，至少你签了一次单。只不过是成交之后，你的工作没做好，尤其是在面对客户的疑难问题时，你不耐烦的态度，使客户无法认同你的服务。

有哪个客户会在听了你的冷言冷语后，还把自己的朋友介绍给你，让你用同样的态度去伤害自己的朋友呢？

也许你是无心的，或许，你真的很忙，可是，你的语气客户是听得很清楚的。如果你愿意少喝一杯咖啡，耐心地去听客户的“投诉”；如果你愿意少逛一次街，去帮客户看看产品出了什么问题……我想，客户是非常高兴把他的朋友介绍给你的。

作为销售人员，你应该清楚，客户是因为相信你才会向你咨询。我想，你也明确地给客人说过，你们公司有售后，可是，为什么客户还会打电话去问你呢？原因就在于产品是你卖给他的，他相信你。是的，没错，客户相信你。可是，凯琳犯了一个严重的错误，就是不把客户的信任放在眼里，因此损失了一批客户。

▶爱客户——你能做到吗

其实，让你爱客户，并不是说让你和客户谈恋爱。就算你愿意，客户也不一定同意。其实，这是让你真诚地对待客户，像爱自己的家人一样爱自己的客户，这样，你的客户才会越来越多，你的销售业绩才会不断上升。

世界上最伟大的销售人员乔·吉拉德有一个250定律的销售秘诀，那就是不得罪每一位客户，因为每一位客户背后都站了大约250个人。这250个人，都是客户很亲近的人，如亲人、朋友、同事、邻居，如果能抓住客户身后的250个人的话，将会是多大的销售市场啊！

试想一下，一个销售人员在年初有50个客户，这之中有2个客户对销售人员的态度很不满意，那到了年底会出现什么情况呢？由于连锁反应，很有可能会有5 000个人对这个销售人员产生不满，这样所有的潜在销售也就自动取消了。

“哦，曼蒂小姐，真不好意思，又让你跑一趟。”

“您别那么客气，这本来就是我应该做的。产品出现问题，我是有责任过来看看的。好了，没什么问题，只要您下次用的时候，力量小那么一点儿就可以了。”曼蒂笑着对客户说，客户也被曼蒂的玩笑逗乐了。

第二天中午，曼蒂打电话给客户。

“嗨，怀特先生，中午好。我是曼蒂，很抱歉打扰了，我是想问一下，产品有没有遇到什么问题。”

“哦，好极了，我听您的话，力气小了一点，真的是太棒了。”

“是吗，那真是太好了。如果遇到什么问题请及时和我联系，我一定及时为您处理。”

曼蒂对待每一位客户都是如此，在对待客户遇到的困难上，曼蒂更不敢怠慢，她知道，一个处理不好，就会损失一群客户。她把客户都看成是自己的亲人，用心去帮助他们，遇到自己解决不了的事，她会和客户一起来到公司解决，直到客户满意为止。所以，曼蒂的每一位客户都成了她的朋友。

“嘿，我觉得你们的产品存在很大的问题，我现在要求退货。”

“先生，请坐下来慢慢说。”

“我可没时间听你们这些骗子说话。快点，给我退货。”

“好的，先生，您先冷静一下。我想，您应该先喝一杯咖啡。”曼蒂端来一杯咖啡，客人的怒气似乎没那么大了。

“先生，不知道我们的产品有哪些不妥?”

“你看，这要怎么用?”

曼蒂看了一下，原来是客户有一个开关没有按下，导致机器无法正常运行。可是，曼蒂没有直接指出来。

“哦，上帝，这是怎么回事，怎么会出现这样的问题，真是糟糕。”

曼蒂一边说，一边无意地摆弄着机器，她在客人没注意的情况下按下了那个开关，机器就运行了。

“哦，非常抱歉，这都是我的疏忽，您看，这还有一个开关，天哪，我都没有注意到，要不是您过来，我可能还没弄清楚呢！”

客户看到机器又可以运行了，刚来时的气也消了，再加上曼蒂给了客户一个台阶，客户还有什么理由闹下去呢？

也许是曼蒂的态度让客户更加满意了，就这样，通过老客户来找曼蒂买产品的人占到了曼蒂自己找客户的八成以上。

作为销售人员控制自己的情绪是很重要的，每天面对不同的客户，不同的事，心情有起伏是很正常的，尤其是在面对客户的抱怨时更要学会控制。

如果因为客户的刁难，自己情绪不好或是不喜欢这个客户就对客户发脾气或是和客户发生争执，那是最笨的销售人员才会做的事情。乔·吉拉德曾说过：“你赶走了一个客户，就等于赶走了潜在的250个客户。”

的确如此，每一位客户身后都站有一群人。所以，一个销售人员要记住，你永远不是在和一个客户谈生意，而是在和一群客户谈生意。

曼蒂的成功在于，她可以正确对待客户遇到的问题，而不是推卸自己的责任。一些失败的销售人员遇到的最大的问题就是，在客户提出问题时，他们总是以各种理由去拒绝，直到客户没了耐性，转而带着一群人冲向他人时，他们才明白自己失去的是什么。

售后服务对于客户来说是很重要的，如果他们遇到什么问题，却找不到人处理，你觉得他们还会傻傻地等你来处理吗？还会把自己的亲人、朋友拉过来一起站在这个行列里吗？

现在就可以肯定地告诉你“不会”。

学着爱自己的客户，这样，处理起问题来也不会觉得有困难，站在客户的角度去想问题，解决问题，而客户也会被你真诚的态度所感动，即使因为产品问题而生气，可是，对于你，他们却不会故意刁难。

其实，客户抱怨是在每个销售行业中都会遇到的问题，不要说你的产品无懈可击，因为，作为销售人员的你一定会遇到挑剔的客户。这时，不要觉得委屈，因为你是销售人员，这些委屈也是你应该学着承受的。站在客户的角度想问题，给客户一个公平的处理方案，那么他们一定会成为你永远的客户。